Christoph Bohne

# Blended Coaching als Instrument der Personal- und Organisationsentwicklung

**Bohne, Christoph: Blended Coaching als Instrument der Personal- und Organisationsentwicklung, Hamburg, Igel Verlag RWS 2014**

Buch-ISBN: 978-3-95485-227-7
PDF-eBook-ISBN: 978-3-95485-727-2
Druck/Herstellung: Igel Verlag RWS, Hamburg, 2014

**Bibliografische Information der Deutschen Nationalbibliothek:**
Die Deutsche Nationalbibliothek verzeichnet diese Publikation in der Deutschen Nationalbibliografie; detaillierte bibliografische Daten sind im Internet über http://dnb.d-nb.de abrufbar.

© Igel Verlag RWS, Imprint der Diplomica Verlag GmbH
Hermannstal 119k, 22119 Hamburg
http://www.diplomica.de, Hamburg 2014
Printed in Germany

# Zusammenfassung

Führungsnachwuchskräfte sehen sich in ihrer neuen Rolle mit zahlreichen Herausforderungen konfrontiert, insbesondere vor dem Hintergrund der Komplexität heutiger Arbeitsprozesse und der Entgrenzung von Berufs- und Privatleben. Demnach ist eine Vorbereitung auf die anspruchsvolle Führungstätigkeit essenziell, um erfolgreiches Führungshandeln zu realisieren und somit unterschiedlichste Rollenerwartungen erfüllen zu können. Führungskompetenzen ermöglichen es, den Erwartungen und Anforderungen an die Führungsrolle gerecht zu werden. Im Rahmen der Personal- und Organisationsentwicklung erfreut sich Coaching zunehmender Beliebtheit. Bei der Recherche konnte kein Blended Coaching Konzept zur Kompetenzentwicklung von Führungsnachwuchskräften identifiziert werden. Daher wird anhand des Modells der transformationalen Führung ein bildungswissenschaftliches Konzept für interne Führungsnachwuchskräfte mittelständischer Unternehmen in Deutschland entwickelt. Dabei stellen neue Medien, unter anderem aufgrund der Möglichkeit eines zeit- und ortsunabhängigen Einsatzes, einen integrativen Bestandteil dar. Es wurde ein flexibles Konzept entworfen, das als Impulsgeber für die theoretische und praktische Ausgestaltung fungiert. Eine Präzisierung und Pilotierung wären in einem nächsten Forschungsschritt erforderlich.

**Schlagwörter:** Blended Coaching Konzept | Führungsnachwuchskraft | Kompetenzentwicklung

# Abstract

Junior managers are confronted with several challenges in their new position. This is especially based on the complexity of working processes and the connection of working and private life. Thus preparation for demanding management functions is essential to achieve successful leadership and to fulfil various role expectations. Leadership competencies enable junior managers to satisfy expectations and requirements. Coaching is gaining popularity in the department of personnel and organisational development. As a blended coaching concept for competency development for junior managers could not be identified in research, an educational scientific concept for internal junior managers of medium-sized enterprises in Germany will be developed on the basis of transformational leadership. New media will form an integral part due to the possibility of time- and location-independent use. A flexible concept has been created as a driving force for theoretical and practical arrangement. Specification and piloting would be necessary as a following step of research.

**Keywords:** blended coaching concept | junior manager | competency development

# Inhaltsverzeichnis

# Abbildungsverzeichnis

# Tabellenverzeichnis

## Abkürzungsverzeichnis

| | |
|---|---|
| App | Applikation (mobile Anwendungssoftware) |
| cvK | Computervermittelte Kommunikation |
| DBVC | Deutscher Bundesverband Coaching e.V. |
| iFnk | Interne/r/n Führungsnachwuchskraft/ -kräfte |
| IKT | Informations- und Kommunikationstechnologien |
| KMU | Kleine und mittelständische Unternehmen |
| LMS | Learning Management System |
| PDF | Portable Document Format |
| PuOE | Personal- und Organisationsentwicklung |

## Hinweis

Um eine bessere Lesbarkeit zu gewährleisten, wird in dieser Arbeit durchgehend das generische Maskulin verwendet. Frauen sind damit gleichermaßen angesprochen.

# 1 Einleitung

Vielleicht hat die Berücksichtigung beider Bereiche, nämlich der Personal- und der Organisationsentwicklung im Titel, für Verwirrung gesorgt. Beim Lesen dieser Arbeit wird deutlich, weshalb diese Verflechtung stattgefunden hat. Die Auflösung wird bereits an dieser Stelle vorweggenommen, um Transparenz zu schaffen.

Generell lässt sich in der wissenschaftlichen Literatur eine – wenn doch stark verschwimmende – Abgrenzung der beiden Bereiche in der Hinsicht finden, dass sich die Personalentwicklung (Thommen, 2008, S. 504–505) mit der Kompetenzentwicklung der lernenden Individuen beschäftigt. Die Organisationsentwicklung (Feld, 2010, S. 49–52; Schiersmann & Thiel, 2014; Thommen, 2008, S. 489) richtet sich demgegenüber stärker an die (Arbeits-)Organisation und deren Strukturen, obwohl eine erhebliche Schnittmenge zwischen beiden Bereichen zu verzeichnen ist (Felfe, 2012, S. 115–116). So liegt es doch auf der Hand, dass sich ein Unternehmen nicht ohne seine Mitarbeiter weiterentwickeln kann. Wenn ein geplanter Wandel oder eine Veränderung vollzogen werden soll, dann kann dies nur durch die Mitarbeiter selbst bewirkt werden, da ein Unternehmen ohne Mitarbeiter nicht existieren kann. Und so thematisiert unter anderem Loos (1992) das Coaching im Rahmen von Personal- und Organisationsentwicklung.

In dieser Arbeit werden – wenn auch nicht ausdrücklich benannt – beide Bereiche miteinander verzahnt angesprochen. Die Personalentwicklung richtet ihr Hauptaugenmerk auf die Führungskraft und deren Kompetenzentwicklung. Die Organisationsentwicklung richtet ihr Hauptaugenmerk auf die Rollenübernahme einer Führungsposition und der damit einhergehenden Veränderung in der Unternehmenshierarchie.

Eine explizite Akzentuierung der Personal- und Organisationsentwicklung – Definition und Abgrenzung – findet in der Arbeit keine Berücksichtigung, weil dies nicht zur Erschließung des eigentlichen Forschungsthemas führt. Es wird an dieser Stelle darauf hingewiesen, dass Personalentwicklung im Schwerpunkt auf das lernende Individuum und Organisationsentwicklung auf die lernende Organisation ausgerichtet ist und Coaching – mindestens in dem vorliegenden Fall – beide Bereiche tangiert.

## 1.1 Hinführung zum Thema

„Ein guter Chef wirkt Wunder" (Schawinsky, 2013, S. 1), so titelt eine Pressemitteilung in Bezug auf die Arbeitszufriedenheit von Mitarbeitern. Der Anlage sind dann weiter die Schlagzeilen „[t]oller Boss, toller Job" (Schawinsky, 2013, S. 2) und „[v]om Chef hängt vieles ab" (S. 3) zu entnehmen. Laut des *European Working Conditions Survey 2010* gaben in Deutschland lediglich 69,1 Prozent der Arbeitnehmer an, Unterstützung von ihrem Vorgesetzten zu erhalten, obwohl sich diese positiv auf die Arbeitszufriedenheit auswirkt (Hammermann & Stettes, 2013, S. 7–8, S. 14–16). Durch entsprechendes Führungshandeln kann die Arbeitszufriedenheit von Mitarbeitern also deutlich anwachsen. So hebt eine Trendstudie die Steigerung der Führungs- und Managementqualitäten als oberste Priorität in der Personalarbeit hervor (Bethkenhagen, 2013, S. 9).

Zum einen deuten diese Aussagen und Ergebnisse auf ein Defizit im kompetenten Führungshandeln hin, zum anderen wird diesem eine große Bedeutung beigemessen. Damit werden Fragen zu denk- und realisierbaren Entwicklungsmaßnahmen für Führungskräfte aufgeworfen. Diese ersten Anhaltspunkte geben Anlass zur wissenschaftlichen Vertiefung der Kompetenzentwicklung von Führungskräften.

Unsere Gesellschaft erfährt einen kontinuierlichen Wandel, durch den die Arbeitswelt im Zuge der Globalisierung vielfältiger wird. Ursächlich dafür ist mitunter die Dynamik der Märkte (Löhner, 2009, S. 11). Ökonomische, technologische und sozialkulturelle Elemente treiben unsere Gesellschaft an. Betroffene sind in erster Linie Unternehmen und ihre Beschäftigten, auf die sich abstrakter und komplexer gewordene Arbeitsprozesse (Schiersmann & Thiel, 2014, S. 55; Wollsching-Strobel & Sternecker, 2012, S. 90) auswirken. Das steigende Angebot und die Nachfrage von Informations- und Kommunikationstechnologien (IKT) (Schiersmann & Thiel, 2014, S. 55), die z.B. in vielen Stellenausschreibungen geforderte Flexibilität und Mobilität sowie der Trend zur Höherqualifizierung (Dütsch & Struck, 2013, S. 165) sind Kennzeichen zunehmender Arbeitsvielfalt. Diese Vielfalt lässt sich nur durch eine kontinuierliche Anpassung und Aktualisierung von Wissen und Können bewerkstelligen.

Nahezu alle Unternehmen sehen sich mit Veränderungsprozessen und *Change-Management* konfrontiert. Diese stellen eine nicht zu unterschätzende Herausforderung dar. Dennoch sind sie zwingend notwendig, um wettbewerbsfähig zu bleiben (Kotter, 2013). Neue Produktionsmaschinen, die Einführung neuer Hard- und Softwareprodukte oder die Zusammenlegung zweier Abteilungen (Aron-Weidlich, 2012, S. 112) seien beispielhaft angeführt.

Um im verschärften Wettbewerb bestehen zu können, sind daher mehrere Aspekte zu berücksichtigen, die sich mittel- oder unmittelbar auf den Unternehmenserfolg auswirken. Entscheidend sind jedoch die dem Unternehmen angehörenden Individuen: die Mitarbeiter und ihre *Employability* (Dehnbostel, 2009, S. 209). Denn ohne die notwendigen Kompetenzen der Mitarbeiter ist es heute unmöglich, ein nachhaltig erfolgreiches Unternehmen zu führen. Es kommt also auf die lernenden Individuen an, d.h. ihre Qualifikationen, ihr Wissen und Können sowie ihr Engagement.

Unternehmen können den mannigfaltigen Anforderungen der Arbeitswelt mit einer innovativen Personal- und Organisationsentwicklung (PuOE) entgegentreten. Der PuOE obliegt es, systematische Maßnahmen wie zielgruppenspezifische Trainings einzuleiten. Eine in den letzten Jahren vermehrt wahrnehmbare Maßnahme im Bereich der PuOE ist das Instrument Coaching (Schreyögg, 2010, S. 11). Trotz seiner häufigen Fehlinterpretation und seines Modewortcharakters (Schiessler, 2010, S. 32) haben viele Unternehmen dieses Beratungsformat als große Bereicherung bei der Entwicklung ihrer Mitarbeiter erkannt (S. 29–30). Im Rahmen von Veränderungsprozessen müssen neue Problemsituationen gelöst werden. Hierbei bietet Coaching eine Interventionsmöglichkeit, um Mitarbeiter während dieses Prozesses zu begleiten (Pinnow, 2012, S. 283; Schiersmann & Thiel, 2014, S. 404–405). Um den Unternehmenserfolg nachhaltig zu sichern, müssen die Kompetenzen der Mitarbeiter kontinuierlich entwickelt und gefördert werden. Coaching bietet sich aufgrund seiner Offenheit an, diverse Problemstellungen im Führungsalltag reflexiv zu lösen.

Eine Mitarbeitergruppe in Unternehmen stellen Führungskräfte dar. Auch Führungsarbeit befindet sich in einem ständigen Wandel (Aron-Weidlich, 2012, S. 5, S. 111). Führungskräfte nehmen eine enorm wichtige Rolle in Unternehmen ein, da sie Mitarbeiter führen und in einem großen Verantwortungsbereich agieren (Streich, 2013, S. 98). Sie sind für ein breites Aufgabenspektrum verantwortlich, das im Zuge neuer Anforderungen (Withauer, 2011, S. 267–268) umfangreiche Kompetenzen abverlangt. Die facettenreichen Herausforderungen heutiger Führungskräfte (Aron-Weidlich, 2012, S. 9–11; Winkler, Lotzkat & Welpe, 2013, S. 23) beeinträchtigen die Anpassung und Aktualisierung an neue Gegebenheiten sowie die Mitarbeiterführung. Einer Studie zufolge stellt die systematische Führungskräfteentwicklung einen Zukunftstrend dar (A-1). Demzufolge ist eine strategisch aufgestellte und moderne PuOE unverzichtbar. Diese sollte mithilfe zielgerichteter und abgestimmter Maßnahmen in der Lage sein, Führungskräfte aus den eigenen Reihen zu

13

selektieren und ihre Kompetenzen adressatengerecht zu entwickeln und auszubauen. Kaminkarrieren bezeichnen das Karrieremodell des internen hierarchischen Unternehmensaufstiegs (Minssen, 2012, S. 152–153; s. hierzu A-2). Galten diese um die Jahrtausendwende als Auslaufmodell (Faust, Jauch & Notz, 2000, S. 25), so kehren sie heute wieder zurück (Niederstadt, 2011, S. 74). Doch die relevante Mitarbeitergruppe des Führungsnachwuchses schwindet nach Meinung einiger Autoren. Dies sei auf fehlende Volition (Kaehler, 2014, S. 16–17), den demografischen Wandel (Blessin & Wick, 2014, S. 283–284) bzw. folgerichtig den Fach- und Führungskräftemangel sowie auf zunehmende Abwanderung ins Ausland (Wollsching-Strobel & Sternecker, 2012, S. 90–91) zurückzuführen. Aus diesem Grund sollten Führungspositionen einen Attraktivitätszuwachs erfahren, um der Führungskräftesicherung Rechnung zu tragen (Kneer, 2005, S. 35). Aktiengesellschaften wie *Daimler* und *Siemens* betreiben bereits eine konsequente Nachwuchsförderung. Mittelständische Unternehmen haben dagegen Schwierigkeiten bei der internen Stellenbesetzung (Wollsching-Strobel & Sternecker, 2012, S. 91). Sie können durch die Kompetenzentwicklung potenzieller Führungskräfte die Rekrutierung neuer Mitarbeiter vermeiden und gleichwohl die Mitarbeiterbindung unterstützen (s. hierzu Nink, 2013). Die ökonomische Konsequenz ist eine Kosteneinsparung (z.B. keine externen Stellenausschreibungen, verkürzte Einarbeitungszeit).

Es ist davon auszugehen, dass Nachwuchskräfte die Führungsrolle nicht direkt im mittleren oder höheren Management wahrnehmen. Dies ist begründet durch die einschneidenden Unternehmensentscheidungen, die eine umfangreiche Expertise in Theorie und Praxis erfordern. Das Unternehmen möchte natürlich weitestgehend sicherstellen, dass der Nachwuchs den Führungsaufgaben in der Praxis gewachsen ist und sich bewährt. Infolgedessen ist es schlüssig, interne Führungsnachwuchskräfte (iFnk) für die untere Managementebene zu rekrutieren. Nennenswerte Vorteile für das Unternehmen sind unter anderem das Vorwissen des Mitarbeiters (Unternehmensstruktur, Ansprechpartner, Arbeitsprozesse, etc.), sowie eine ausreichend lange Beobachtungszeit des Mitarbeiters (Bewährung, Diagnostik). Allerdings ergeben sich auch Nachteile wie die fehlende *frische Brise*. D.h. es existiert ein bereits seit längerer Zeit vorgefertigtes Denk- und Handlungsmuster in Bezug auf den Arbeitsalltag (Arbeitsprozesse, Unternehmenskultur, etc.). Dennoch ist die interne Rekrutierung von Nachwuchskräften erfolgversprechend. Einem Abteilungsmitglied eine Führungsposition zu übertragen, bedarf jedoch einer ausreichenden Vorbereitung, damit die neue Führungskraft ihre Position erfolgreich wahrnehmen kann.

Im Zuge der eingangs erwähnten Globalisierung weist trotz modernster IKT die Reisetätigkeit vieler Führungskräfte einen hohen Stellenwert auf – insbesondere in international ausgerichteten Unternehmen – bspw. bei der Netzwerkbildung und -pflege. Viele Unternehmen (Kunden) bevorzugen an dieser Stelle den persönlichen Kontakt, der z.B. bei Tagungen und Messen ohnehin erforderlich ist. Ebenso hat die Thematik *Work-Life-Balance* (Blessin & Wick, 2014, S. 289–293; Voggenreiter, 2013) an Bedeutung gewonnen (Streich, 2013, S. 192–197). Ein Erkennungsmerkmal sind flexible Arbeitszeitmodelle (z.B. Gleitzeit, Home Office). Diese ermöglichen den Mitarbeitern eines Unternehmens zwar eine individuelle Arbeitsgestaltung in puncto Zeit und Ort, können allerdings die Teamarbeit aufgrund weniger Überschneidungen von Arbeitszeit und -ort erschweren (z.B. im Projektgeschäft). Die genannten Aspekte zielen auf den steigenden Individualisierungsgrad der Unternehmen und damit der einzelnen Beschäftigten ab.

Die in den letzten Abschnitten dargelegte Arbeitsvielfalt benötigt zukünftig Alternativen. So muss es Mitarbeitern heute und in Zukunft möglich sein, Berufs- und Privatleben miteinander in Einklang zu bringen. Eine enorme Unterstützung bieten dabei digitale Medien, die zusätzlich das Arbeiten und Lernen entgrenzen. Diese haben in den letzten Jahren eine starke Entwicklung hervorgebracht, auch in der Bildungslandschaft (Herber, Schmidt-Hertha & Zauchner-Studnicka, 2013, S. 1). In der IKT-Branche liegen zudem kurze Halbwertszeiten vor. Die IKT nehmen eine immer zentralere Rolle in der Arbeitswelt und Bildungslandschaft ein (z.B. hochqualitative Konferenzschaltungen). IKT schaffen einerseits neue Möglichkeiten die Arbeitswelt individueller zu gestalten, andererseits setzen sie eine lebenslange Lernbereitschaft voraus.

## 1.2 Fragestellung und Zielsetzung

Im vorherigen Unterkapitel wurde die zunehmende Vielfalt des Arbeitsalltags beschrieben. Ebenso wurden die Bedeutsamkeit der Mitarbeiterkompetenzen, das Instrument Coaching sowie der Führungsnachwuchs und die IKT aufgezeigt. Aus der Gesamtheit der Aspekte lässt sich der Bedarf eines Konzepts zur Kompetenzentwicklung von Führungskräften ableiten.

Zum Thema Coaching existiert mittlerweile eine unüberschaubare Anzahl an Publikationen. Allerdings bleibt das thematisch breit angelegte Coaching häufig allgemein (Schreyögg, 2010, S. 11). Vor diesem Hintergrund und der zunehmenden Vielfalt im Berufs- und Privatleben ist eine Spezifizierung zum Blended Coaching sinnstiftend. Somit können unter anderem die Vorteile von Präsenz- und E-Coaching genutzt werden. Zudem reicht ein ausschließlich virtuelles Konzept nicht aus, um Führungskompetenz zu entwickeln.

Die Recherche zum Blended Coaching lieferte nur sehr wenige Ergebnisse. Es konnte kein Blended Coaching Konzept zur Kompetenzentwicklung von Führungsnachwuchskräften identifiziert werden. Dies führt zum Forschungsdesiderat. Damit heutige Führungsnachwuchskräfte bestmöglich auf ihre Position vorbereitet und anfangs begleitet werden, ist ein flexibles Konzept erforderlich. Es werden demzufolge traditionelle und elektronische Elemente zusammengeführt, um ein systematisches Blended Coaching Konzept mit bildungswissenschaftlichem Schwerpunkt zu entwerfen. Basierend auf der Hinführung zum Thema und der aufgezeigten Schwierigkeit bei der Rekrutierung von Führungskräften in mittelständischen Unternehmen, liegt dieser Arbeit folgende Konkretisierung zugrunde:

- Organisationstyp: mittelständische Unternehmen in Deutschland
- Anlass des Coachings: erste Übernahme einer Führungsposition
- Zielgruppe: interne Führungsnachwuchskräfte.

Die Herausforderung besteht somit in der Entwicklung eines Blended Coaching Konzepts zur Kompetenzentwicklung von iFnk mittelständischer Unternehmen in Deutschland. Daraus lassen sich untergeordnete Fragestellungen ableiten:

- Welche Rolle nimmt eine iFnk ein und wie sollte diese im Konzept berücksichtigt werden?
- Welche Führungskompetenzen werden von der Zielgruppe benötigt und wie lassen sich diese in einem Blended Coaching Konzept entwickeln?
- Wie sieht der Forschungsstand zum (Blended) Coaching aus und welche Erkenntnisse sind davon nützlich für die Entwicklung des Blended Coaching Konzepts?
- Welche Handlungs- und Gestaltungsempfehlungen lassen sich aus den generierten Erkenntnissen für die Coachingforschung und -praxis ableiten?

Das Blended Coaching Konzept soll vorrangig dazu beitragen, iFnk bei der Kompetenzentwicklung zu unterstützen. Neben Wissenschaftlern ist diese Arbeit an Personen im Bereich der PuOE adressiert. Dazu zählen naturgemäß Coaches sowie Personal- und Organisationsentwickler. Ziel der Arbeit ist es infolgedessen, eine theoretisch-konzeptionelle Grundlage bereitzustellen, die daran mitwirkt die Kompetenzentwicklung von iFnk durch Blended Coaching zu unterstützen.

## 1.3 Vorgehensweise und Struktur der Arbeit

Der Forschungsprozess begann mit der Untersuchung des Forschungsstandes und umfasste eine umfangreiche Literaturrecherche und -analyse. Diese beinhaltete primär aktuelle Sammelwerke, Monographien, Zeitschriftenaufsätze und Dissertationen. Das Literaturstudium nahm in einem ersten Schritt auf die Führungsforschung Bezug. Die transformationale Führung wurde daraufhin herangezogen, um Führungskompetenz entfalten zu können. In einem zweiten Schritt wurde das interdisziplinäre Instrument Coaching untersucht. Dabei konnten in Verbindung mit der Erwachsenenbildung wertvolle Erkenntnisse für die Entwicklung des Blended Coaching Konzepts generiert werden. Das Konzept wurde im dritten Schritt entwickelt. Hierbei stand weniger die inhaltliche Ausarbeitung, als vielmehr die konzeptionelle Rahmung im Vordergrund. Aus diesen Erarbeitungen ergab sich folgende Struktur:

*Kapitel 2* widmet sich der Erläuterung der iFnk. Zudem wird das populärwissenschaftliche und empirisch überprüfte Modell der transformationalen Führung nach Bass (1990, 1999) sowie Avolio und Bass (1994) präsentiert. In *Kapitel 3* wird das erläuterte Modell der transformationalen Führung herangezogen und um den Ansatz von Pelz (2012, 2013, 2014) erweitert. Anhand dieses Ansatzes wird die Entfaltung der Führungskompetenz möglich. Anschließend wird erarbeitet, wie mittels der Maßnahme Coaching die Kompetenzentwicklung gefördert werden kann. In *Kapitel 4* wird das (Blended) Coaching zielgruppenspezifisch thematisiert. Dieses umfasst Elemente des traditionellen und des E-Coachings.

In *Kapitel 5* wird ein Hybridkonzept entwickelt, das auf die vorausgehenden Erarbeitungen zur iFnk (Kap. 2), zur Führungskompetenz (Kap. 3) sowie zum (Blended) Coaching (Kap. 4) fußt. Zu Anfang werden die Ausgangssituation, die Zielstellung als auch der Gesamtaufbau beschrieben. Somit erhält der Leser einen Überblick. Die folgenden Unterkapitel gliedern das Konzept in die Phasen Vorbereitung, Durchführung und Nachbereitung, wobei das Hauptaugenmerk auf die Durchführungsphase gerichtet ist. In diese drei Phasen werden die Erkenntnisse der vorherigen Kapitel integriert, um Ziele und Inhalte sowie Methoden und Medien für die Zielgruppe auszuwählen. Dabei werden sowohl Rahmenbedingungen formuliert, als auch Hinweise und Vorschläge unterbreitet.

Ziel ist es somit ein Hybridkonzept zu entwickeln, das aus Präsenz- und E-Coaching besteht und die Coaches, Personal- und Organisationsentwickler sowie die iFnk in ihrer neuen Position unterstützt. Die Arbeit wird mit einer Zusammenfassung, einer Reflexion, einem Fazit und einem Ausblick in *Kapitel 6* abgerundet.

# 2 Interne Führungsnachwuchskräfte in mittelständischen Unternehmen

Der Literaturbestand zum Thema Führung ist äußerst umfangreich (Rathgeber, 2005, S. 15). Allerdings verringert sich die Anzahl an Beiträgen deutlich bei der Eingrenzung auf iFnk in mittelständischen Unternehmen. Um ein passgenaues Konzept entwickeln zu können, wird in diesem Kapitel der Mittelstand spezifiziert. Es wird ein arbeitsleitendes Verständnis von Führung und Führungskraft dargelegt. Die Führungsrolle und der -erfolg werden ebenso erläutert wie Führungshandeln und abschließend die transformationale Führung.

## 2.1 Mittelstand, Führung und Führungskraft

Die quantitative Definition des Mittelstandes wird nicht einheitlich vorgenommen (Happich & Classen, 2013, S. 247–248). In dieser Arbeit werden Unternehmen in der deutschen Wirtschaft in den Mittelpunkt gerückt, die zwischen 100 und 400 Mitarbeiter beschäftigen. D.h. es findet eine Mischung der Definitionen der Europäischen Kommission und des Instituts für Mittelstandsforschung statt. Aufgrund der Besonderheiten in mittelständischen Unternehmen wie der unmittelbaren Nähe zum Betriebsgeschehen und der personenorientierten Führung (Happich & Classen, 2013, S. 248–251), der Hierarchieebenen (s. hierzu Böning, 2014, S. 24–25), der Anzahl an Abteilungen und deren Größe (s. hierzu Mintzberg, 2011, S. 148–151) sowie der verfügbaren Ressourcen, wird diese Spannbreite für sinnvoll erachtet. Die Entwicklung iFnk muss gesichert und zugleich vergleichbar sein.

Allgemein wird unter Führung die Steuerung, Gestaltung sowie Entwicklung eines Unternehmens verstanden (Thommen, 2008, S. 249). Nach Seliger (2013) ist das Phänomen Führung unsichtbar und nur durch Verhaltensbeobachtungen und -interpretationen zu erklären (S. 15-17). Die Bandbreite an Führungsdefinitionen ist enorm (Blessin & Wick, 2014, S. 27–28; Staehle, 1999, S. 328–329; Withauer, 2011, S. 25–26). Yukl (2013) konstatiert: „[...] most definitions share the assumption that it involves an influence process for facilitating the performance of a collective task" (S. 36).

Folgende Schlüsselbegriffe können konsensartig identifiziert werden: Prozesscharakter, Mitarbeiterbeeinflussung und Zielerreichung. „Personelle Führung ist legitime bestimmende Einflussnahme auf das Handeln von Geführten in schlecht strukturierten Situationen mithilfe von und in Differenz zu anderen Einflüssen" (S. 41). So lautet die abschließende

Definition von Blessin und Wick (2014), die auch in diesem Fall plausibel erscheint. Borgmann und Rowold (2013, S. 187–188) zufolge können der (Personal-)Führung sogar bis zu 45 Prozent der Leistungsfähigkeit eines Unternehmens zugeordnet werden.

„Das untere Management stellt die Nahtstelle zwischen den Managementpositionen und den allein ausführend tätigen Mitarbeitern dar" (Staehle, 1999, S. 89). Diese sogenannte Nahtstelle soll ausgeleuchtet werden. In Anlehnung an Kneer (2005, S. 35) wird hier unter iFnk der Personenkreis gezählt, der im Unternehmen bereits als Potenzialträger identifiziert wurde und für eine Führungsposition vorbereitet werden soll. Es handelt sich um Personen, die seit einiger Zeit als Mitarbeiter ohne Führungsverantwortung in einem mittelständischen Unternehmen tätig sind. Denkbar ist, dass die iFnk die aktuelle Führungskraft vor der endgültigen Rollenübernahme mehrere Wochen begleitet. Bei Einrichtung einer neuen Abteilung ist dies nicht ohne Weiteres möglich. Kaehler (2014) hält passend fest: „Absolut unverzichtbar ist eine Führungs-Erstausbildung bei allen Mitarbeitern, die nicht über einschlägige Erfahrungen verfügen und erst in die Führungsposition hereinentwickelt werden sollen" (S. 75). Diese Beschreibung impliziert iFnk.

## 2.2 Führungsrolle und -erfolg

Um für iFnk ein zugeschnittenes Blended Coaching Konzept zu entwerfen, ist eine ausführliche Untersuchung der besonderen Führungsrolle essenziell. Favorisieren Soziologen wie Faust (2002) und Minssen (2012) die Begriffe Kamin-, Haus- oder Schornsteinkarriere, so verwendet Schreyögg (2010) hierfür den Begriff Aufstieg (S. 119). Allen ist jedoch gemein, dass es sich um jenen Personenkreis handelt, der unternehmensintern in der Hierarchie aufsteigt, wobei sich Schreyögg (2010, S. 119) auf den Aufstieg in derselben Abteilung beschränkt. Allerdings ist besonders in mittelständischen Unternehmen die hausinterne Karriere mit einem Funktionsbereichswechsel (Faust, 2002, S. 76), also einer funktionsübergreifenden oder -verwandten Tätigkeit, verbunden. Bestärkt wird dieser Wechsel durch den Wandel in Organisationen (Staehle, 1999, S. 579–587), der mitunter neue Strukturen hervorruft und den Aufstieg in derselben Abteilung teilweise nicht erlaubt. Infolgedessen ist der hier behandelte Aufstieg nicht zwingend an die bisherige Abteilung, jedoch an das bisherige Unternehmen geknüpft.

Bei 100 bis 400 Beschäftigten im Unternehmen liegt ein relativ hoher Bekanntheitsgrad vor. Die Mitarbeiter kennen sich nach gewisser Zeit mehr oder weniger untereinander. Die damit verbundene Problematik illustriert Schreyögg (2010) an einem Fallbeispiel, in dem der einstige Auszubildende nach einigen Jahren in seiner Abteilung zum Vorarbeiter auf-steigt. Das Dilemma schlägt sich im vollzogenen Rollenwechsel nieder. Der ehemalige Kollege wird in seiner Führungsrolle zum Vorgesetzten. Dies bringt unter Umständen feh-lende Akzeptanz der iFnk seitens der ehemaligen Kollegen und eine Veränderung des ur-sprünglichen Beziehungsmusters mit sich (S. 119–121). So hält Gräser (2013) fest, „eine Führungsposition mit einer dafür geeigneten Person zu besetzen, reicht nicht aus, um wirk-liche Führungsbeziehungen herzustellen" (S. 13). Die Wirksamkeit von Führung und zu-gleich der Führungserfolg sind also stark an die Akzeptanz gekoppelt. Da dem Vorgesetz-ten ausschließlich eine formale Position im Unternehmensgefüge zugeordnet ist, deutet diese nicht unbedingt auf eine Führungskraft hin. Somit ist Führung weitestgehend losge-löst von der Unternehmenshierarchie (Withauer, 2011, S. 26).

Da es sich in der Ausarbeitung um die Übernahme einer Abteilung oder alternativ eines Teams handelt, ist die iFnk gleichermaßen Vorgesetzter und Führungskraft. Dabei nimmt das Beziehungsgeflecht der involvierten Positionen (z.B. in chronologischer Reihenfolge: Geschäftsführer, Bereichsleiter, iFnk, Geführte) eine entscheidende Rolle ein, wobei an alle Positionen gewisse Erwartungen geknüpft sind (Blessin & Wick, 2014, S. 152–153). Das Rollenverständnis soll verdeutlichen, wie komplex das Netz solcher Erwartungshal-tungen gegenüber einer Führungsposition ist (Abb-1; s. hierzu A-3). Die (Führungs-)Rolle, welche Personen in Unternehmen einnehmen, ist positionsgebunden. Sie legt sowohl Rechte, Pflichten, Aufgaben als auch Verbote und Privilegien fest. Die angesprochenen Rollenerwartungen, die eigene Auffassung der Rolle und deren individuelle Ausgestaltung in der Praxis sind Komponenten der (Führungs-)Rolle (Withauer, 2011, S. 142–143).

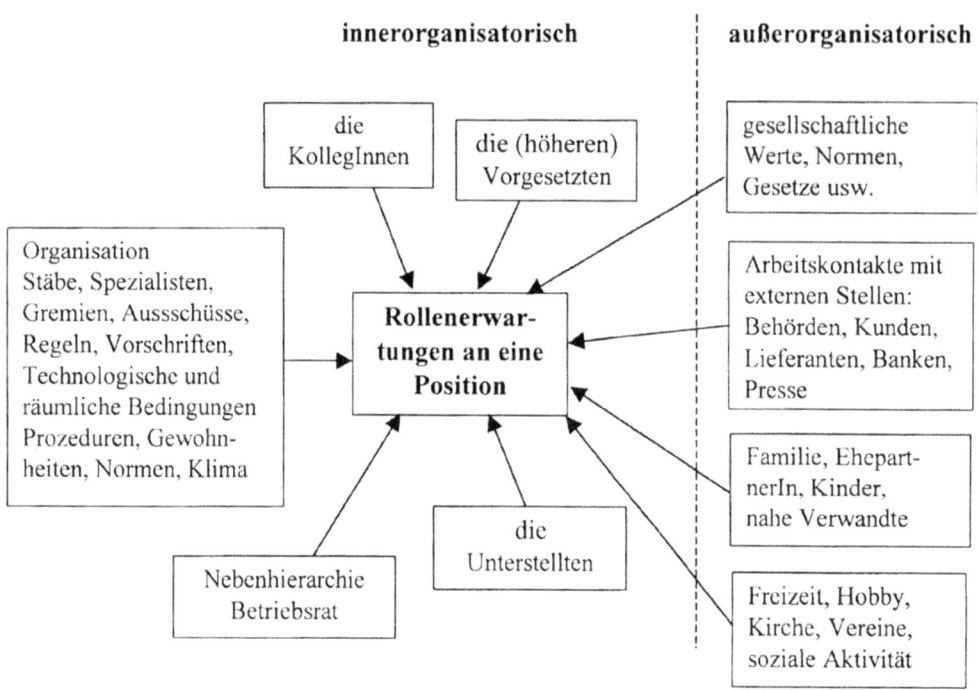

**Abb-1: Die Person im Zentrum von Rollenerwartungen (Quelle: Blessin & Wick, 2014, S. 157).**

Infolge dieser Komplexität konzentriert sich die Arbeit im Wesentlichen auf die iFnk und deren unterstellte Mitarbeiter. Da die anderen inner- und außerorganisatorischen Positionen nicht ungebrochen von dem *Führungskraft-Mitarbeiter-Geflecht* zu trennen sind, werden diese ansatzweise tangiert. Bspw. kann bei einem Konflikt der nächsthöhere Vorgesetzte oder eine benachbarte Abteilung hinzugezogen werden. Daran wird erkenntlich, dass die ausschließliche Betrachtung des genannten Beziehungsgeflechts nicht mehr ausreicht. Deshalb muss der Blickwinkel vergrößert werden. Nur wenn die Ursache identifiziert wird, kann die iFnk angemessen intervenieren und das Problem lösen.

Führungskräfte befinden sich fortlaufend in Dilemmata. In ihrer Rolle sind sie häufig damit konfrontiert, dass sie sich zwischen zwei oder mehr Handlungsalternativen entscheiden müssen (Blessin & Wick, 2014, S. 458–460). Um ein Beispiel zu nennen:

Ein Kunde ist unzufrieden, beschwert sich über einen Mitarbeiter und verlangt in der Konsequenz die Auftragsbearbeitung durch einen neuen Mitarbeiter. Der iFnk ist der schwierige Umgang mit dem langjährigen Bestandskunden bekannt. Aufgrund des hohen Auftragsvolumens ist die Abteilung ausgelastet. Die anderen Kollegen kennen den Kunden bisher nur flüchtig und müssten sich in den Auftrag einarbeiten. Die iFnk befindet sich nun im Zwiespalt. Sie muss entweder eine Entscheidung treffen, die den Kunden oder den Mitarbeiter zufriedenstellt. Entscheidet sich die iFnk für den Kunden besteht das Risiko, dass die Abteilung die weiteren Aufträge nicht fristgerecht fertigstellen kann. Resultieren könnte z.B. die Abwanderung zur Konkurrenz oder eine Vertragsstrafe. Entscheidet sich die iFnk für den Mitarbeiter, besteht das Risiko den Kunden dauerhaft zu verlieren. Unabhängig davon, welche Entscheidung getroffen wird, ist es nicht möglich beide Interessen in Einklang zu bringen.

Der Widerspruch des Beispiels besteht zwischen Innen- und Außenorientierung. Weitere Ambivalenzen sind unter anderem Konkurrenz und Kooperation sowie Selbst- und Fremd-bestimmung (Blessin & Wick, 2014, S. 461–466).

Der Führungserfolg hängt von vielen Aspekten ab. Ausgangsbasis dafür bilden die Akzep-tanz der iFnk und die Motivation der Geführten. Ohne diese ist erfolgreiche Führungsar-beit unmöglich. Um als Führungskraft erfolgreich zu sein, ist eine Personalführung erfor-derlich, bei der die Führungskraft von Vorgesetzten und erwartungsgemäß von Geführten akzeptiert wird und gleichermaßen in der Lage ist, diese zu motivieren und zu lenken.

Inzwischen liegen dem Führungserfolg mehrere Führungstheorien, -modelle und -kon-zepte zugrunde (Borgmann & Rowold, 2013; Kaehler, 2014). Führungserfolg und dessen Effekt lassen sich nur schwierig bestimmen. Staehle (1999) pointiert hierzu treffend die Messprobleme in der Führungsliteratur (S. 329). Es existieren einige Studien, die nur einen geringfügigen Effekt von Führung auf den Unternehmenserfolg attestieren. Dies gilt be-sonders in Bezug auf operative Führung bzw. die untere Managementebene (Blessin & Wick, 2014, S. 230–231). Die bei der Bestimmung von Führungserfolg herangezogenen Kriterien erscheinen fragwürdig. Blessin und Wick (2014) sprechen hier von einem „Krite-rienproblem" (S. 232). Wachstum, Arbeitsgeschwindigkeit und Fluktuationsrate können nicht als alleinige Kriterien dienen, um den Erfolg von Führung zu bestimmen. Zahlreiche Kriterien müssten herangezogen und in einen umfangreichen Kriterienkatalog eingebettet werden. Die Eliminierung anderer Wirkmechanismen und Störfaktoren (z.B. neue Unter-nehmensstrategie, Wirtschaftskrise) wäre notwendig, um den Erfolg letztendlich auf eine einzelne Führungsperson zurückführen zu können. Relevant erscheint vielmehr der direkte Führungseinfluss auf die einzelnen Individuen (Rathgeber, 2005, S. 19). Die individuelle Konzentration auf eine Abteilung, also die iFnk und ihre Mitarbeiter, liefert konkretere Befunde über den Führungserfolg. Rathgeber (2005, S. 20) präsentiert erfolgswirksamere Kriterien wie z.B. Kooperationsfähigkeit und Arbeitszufriedenheit.

Da keine empirische Datenerhebung und -auswertung stattfindet und diese Arbeit einen bildungswissenschaftlichen Schwerpunkt verfolgt, wird der Führungserfolg im Interakti-onsprozess in der Abteilung gefasst. Wie zuvor eingeleitet, soll die iFnk als erfolgreich betrachtet werden, wenn sie in der Anfangsphase der Rollenübernahme von ehemaligen Kollegen und anderen Abteilungen als Führungskraft akzeptiert wird und imstande ist, ihre Mitarbeiter zu motivieren und zu lenken. Dies impliziert die Zufriedenheit der Mitarbeiter sowie der iFnk selbst. Als nicht erfolgreich soll diese hingegen gelten, wenn ihr dies in absehbarer Zeit nicht gelingt. Die dafür notwendigen Kompetenzen wie bspw. Kommunikationsfähigkeit werden im weiteren Verlauf zur Konzeptentwicklung eruiert. Die erstmalige Führung einer Abteilung ist ein anspruchsvolles Unterfangen, insbesondere in diffizilen Zeiten (Goldfuß, 2010). Desto wichtiger ist es, die iFnk ausreichend auf diese Aufgabe und mögliche Stolpersteine vorzubereiten, um den Führungserfolg zu fördern.

## 2.3  Gegenstand, Art und Weise des Führungshandelns

Führungshandeln ist komplex. Vereinfacht kann dies in den Gegenstand sowie die Art und Weise unterteilt werden. Der inhaltliche Gegenstand fragt dabei nach dem *Was*, d.h. nach dem Führungsverhalten; die Art und Weise nach dem *Wie*, d.h. nach der Führungsweise (Kaehler, 2014, S. 28–29). Da Menschen in Unternehmen vielfältig miteinander interagieren, kommt dem sozialen Verhalten eine besondere Bedeutung zu (Withauer, 2011, S. 41).

> *„Führungsverhalten ist konkretes Führungshandeln. Von Führungsverhalten spricht man, wenn es sich um Verhaltensweisen handelt, in denen andere Personen unmittelbar betroffen sind, ein Positionsunterschied besteht, der mit Macht, Rang und Status verbunden ist in einem organisationalen oder institutionellen Rahmen, der legitime Arten und Bereiche des Einflusses absteckt, ein Zielkonzept mit gewollten Veränderungen bei Menschen und/oder ihrem Tun verfolgt wird"* (Withauer, 2011, S. 42).

Als Beispiele können Aufgabendelegation, Beurteilungsgespräche oder Instruktionen angeführt werden. Die Führungsweise behandelt dabei die Art und Weise der Umsetzung des Führungshandelns. D.h. wie werden Aufgaben delegiert, Beurteilungsgespräche geführt oder Instruktionen erteilt. Ebenso zählt die Entscheidungsmacht dazu. Wenn eine Abteilung vor einem Problem steht, dann gibt es verschiedene Lösungsmöglichkeiten: Z.B. entscheidet die Führungskraft allein oder sie lässt sich von den Mitarbeitern Lösungsvorschläge unterbreiten und entscheidet anschließend selbst oder die Führungskraft entscheidet alternativ im Dialog mit den Mitarbeitern.

Die Führungsweise wird versucht mithilfe von Führungsstilen zu beschreiben. Ist das Führungsverhalten empirisch beobachtbar und betrifft die kurzfristige und situative Mitarbeiterbeeinflussung, so betrifft der Führungsstil ein dauerhaftes und invariantes Verhaltensmuster (Staehle, 1999, S. 334). Das Führungsverhalten kann demnach anhand von einer Situation beobachtet werden (z.B. delegiert die Führungskraft ein Aufgabenpaket an einen Mitarbeiter). Der Führungsstil skizziert dabei die Summe des Führungsverhaltens und versucht diese mithilfe eines erklärten Stils allgemeingültig zu charakterisieren.

Ein populärwissenschaftlicher und idealtypischer Ansatz ist die eindimensionale Kontinu-um-Theorie von Tannenbaum und Schmidt (1958). Die beiden Autoren kategorisieren den Führungsstil in sechs Stufen von autoritär bis hin zu delegativ (Abb-2, S. 13). Mit der Zu-ordnung zu einem Führungsstil variiert der Entscheidungsspielraum entsprechend zwi-schen dem Vorgesetzten (iFnk) und der Gruppe (Mitarbeiter in der Abteilung). Das Konti-nuum zwischen Autorität und Kooperation soll hier als Anhaltspunkt und mögliche Ein-gruppierung für den Führungsstil der iFnk gelten.

Darüber hinaus existieren weitere ideal- und realtypische Ansätze, die sich mit Führungsstilen auseinandersetzen (Kaehler, 2014, S. 24–25; Staehle, 1999, S. 334–347). Allerdings existiert nicht der eine und stets richtige Führungsstil (Laukamp, 2008, S. 116). Vielmehr muss eine individuelle Anpassung an die jeweiligen Rahmenbedingungen (z.B. Unternehmenskultur, Reifegrad der Mitarbeiter) vorgenommen werden. Wenn also der bisherige Kollege den inter-nen Rollenwechsel zur Führungskraft vollzogen hat und einen autoritären Führungsstil prakti-ziert, wird dieses Verhalten vermutlich nicht zum gewünschten Erfolg führen.

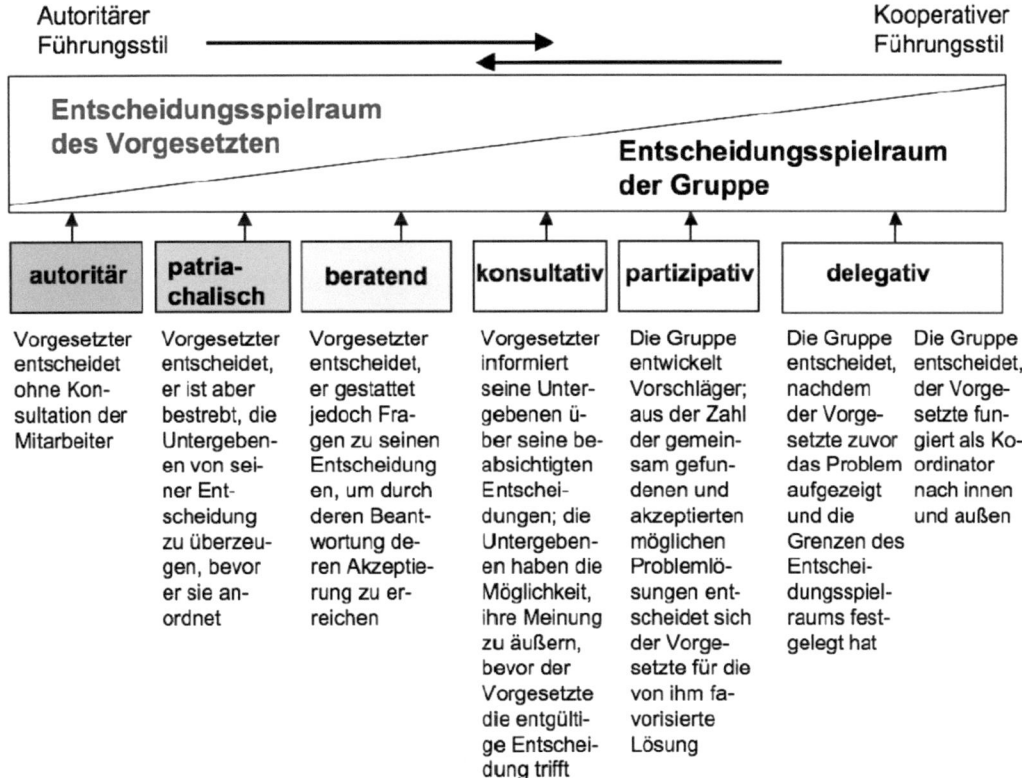

**Abb-2: Autoritärer und kooperativer Führungsstil nach Tannenbaum & Schmidt (Quelle: Staehle, 1999, S. 337).**

Studien zufolge ist heutigen Arbeitnehmern neben der Sicherheit des Arbeitsplatzes und einer soliden Gehaltsbasis die individuelle Verwirklichung wichtig. Dazu zählen vor allem selbstständiges und herausforderndes Arbeiten sowie (mehr) Gestaltungsspielraum und die Umsetzung eigener Ideen (Akademie für Führungskräfte der Wirtschaft, 2013, S. 10–12, S. 16; Ballhausen, Süßmuth, Blösinger & Schmitz, 2012). Das Wohlbefinden wird vornehmlich durch das Arbeitsklima beeinflusst (A-4). Damit einhergehend sollte der Führungsstil nicht auf einer starren Autorität basieren, die den Entscheidungsspielraum der Arbeitnehmer drastisch schmälert. Stattdessen sollte der Führungsstil die Mitarbeiter teilhaben lassen, ihre professionelle Meinung einfordern und ihre Entfaltung ermöglichen. In Anlehnung an die Kontinuum-Theorie kann ein partizipativ-delegativer Stil herangezogen werden. Dieser soll hier als Orientierung in der heutigen Zeit dienen. Für die iFnk leitet sich daraus ab, dass sie ihre ehemaligen Kollegen in einem mittelständischen Unternehmen wertschätzen sollten. Sie befindet sich auf einem schmalen Grat. Auf der einen Seite ist die individuelle Berücksichtigung der ehemaligen Kollegen und jetzt Geführten wichtig. Auf der anderen Seite sind die Vermittlung des Rollenwechsels und die damit verknüpfte Autorität von Bedeutung. Um diesen Rollenwechsel zu bewerkstelligen, wird im nächsten Kapitel die transformationale Führung dargelegt.

## 2.4  Modell der transformationalen Führung

Etwas später als die Kontinuum-Theorie haben im Bereich der Führungsforschung das Modell der transaktionalen Führung (Burns, 1978) und darauf aufbauend das Modell der transformationalen Führung (Avolio & Bass, 1994; Bass, 1990, 1999) Bekanntheit erlangt. Letzteres konnte in mehreren Untersuchungen empirisch bestätigt werden (Barling, Weber & Kelloway, 1996; Dörr, 2006; Dvir, Eden, Avolio & Shamir, 2002). Eine Übersicht findet sich hierzu bei Riedelbauch (2011, S. 31–32).

Wohingegen bei transaktionaler Führung die Austauschbeziehung und das lerntheoretische Prinzip der Verstärkung zentral sind (Staehle, 1999, S. 363–364), sind es bei transformationaler Führung Einstellungen und Verhaltensgewohnheiten (Pelz, 2013, S. 36). Transaktionale Führung kennzeichnet ein Führungsverhalten, bei dem die unterstellten Mitarbeiter für ihre Handlungen oder entgegengesetzt ihr Unterlassen positive oder negative Konsequenzen zu erwarten haben (Blessin & Wick, 2014, S. 116). Die nachstehende Grafik visualisiert den Ausbau zur transformationalen Führung (Abb-3).

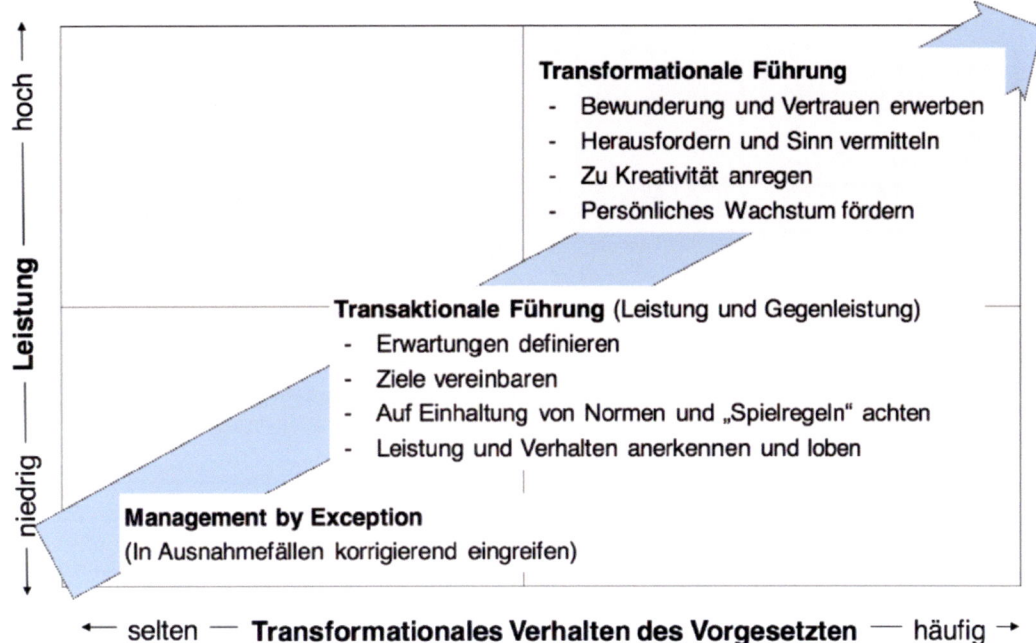

**Transformationale Führung**
- Bewunderung und Vertrauen erwerben
- Herausfordern und Sinn vermitteln
- Zu Kreativität anregen
- Persönliches Wachstum fördern

**Transaktionale Führung** (Leistung und Gegenleistung)
- Erwartungen definieren
- Ziele vereinbaren
- Auf Einhaltung von Normen und „Spielregeln" achten
- Leistung und Verhalten anerkennen und loben

**Management by Exception**
(In Ausnahmefällen korrigierend eingreifen)

← selten ─ **Transformationales Verhalten des Vorgesetzten** ─ häufig →

(y-Achse: Leistung / niedrig → hoch)

**Abb-3: Transformationale Führung und Leistung nach Avolio & Bass (Quelle: Pelz, 2012, S. 43).**

Dabei wird eine Korrelation zwischen dem transformationalen Führungsverhalten und der Mitarbeiterleistung unterstellt. Bezogen auf die iFnk bedeutet das: Die Leistung ihrer Mitarbeiter und somit der gesamten Abteilung wächst proportional mit ihrem transformationalen Verhalten. Begründet durch die oben angeführte Verifizierung wird die transformationale Führung erläutert, mit deren Hilfe die Führungskompetenz in *Kapitel 3* erarbeitet werden.

Die transformationale Führung basiert im Wesentlichen auf den Komponenten *Idealized Influence*, *Inspirational Motivation*, *Intellectual Stimulation* und *Individual Consideration* (Avolio & Bass, 1994; Bass, 1990, 1999). Diese sogenannten *vier I's* gelten als Interventionstechniken, die beim Normalniveau hinsichtlich der Anstrengung der Mitarbeiter ansetzen. Sie tragen zu einer zusätzlichen Anstrengung bzw. Motivation der Mitarbeiter bei, die infolgedessen eine höhere Leistung erzielen (Blessin & Wick, 2014, S. 117; Abb-4).

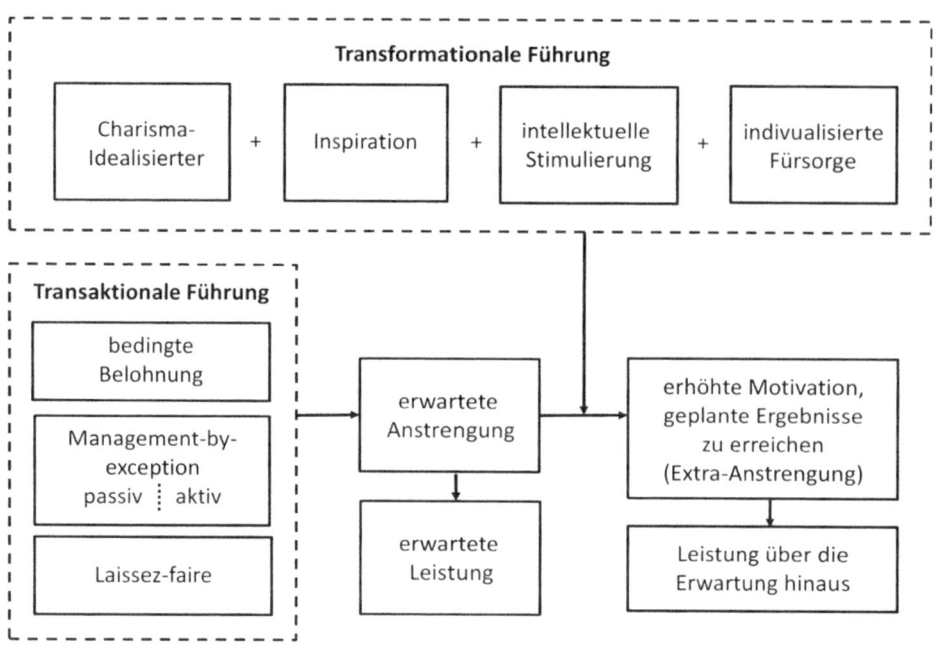

**Abb-4: Inhalte und Konsequenzen transaktionaler und transformationaler Führung in Anlehnung an den Full Range of Leadership nach Avolio & Bass (Quelle: Blessin & Wick, 2014, S. 117).**

*Idealisierter Einfluss* ruft eine Identifikation mit der Führungskraft hervor. D.h. die Mitarbeiter vertrauen der Führungskraft, ihrer Kompetenz und verspüren Sicherheit. *Inspirierende Motivierung* bewirkt emotionale Appelle. Es existiert ein starkes Bewusstsein für anvisierte Ziele. Veränderungsprozesse sind für die Mitarbeiter nachvollziehbar. *Intellektuelle Stimulation* trägt zum Infragestellen bisheriger Prozesse bei, die z.B. das Unternehmen oder die Abteilung betreffen. Hierzu gehören die von Mitarbeitern angetriebene Mitgestaltung und kontinuierliche Verbesserung. An dieser Stelle sei auf die individuelle Verwirklichung und den Gestaltungsspielraum verwiesen (S. 13). *Individualisierte Fürsorge* betrachtet jeden Mitarbeiter als Individuum. Es wird gleichberechtigt auf jeden Einzelnen und damit seine individuellen Bedürfnisse und Herausforderungen eingegangen (Blessin & Wick, 2014, S. 117–118; Riedelbauch, 2011, S. 20; Strikker & Strikker, 2011, S. 340; Abb-5, S. 16).

*Ausstrahlen von Kompetenz, Sicherheit, Ruhe und Vertrauen durch entsprechende Körperhaltung*

*Vorteile der geplanten Veränderung nachvollziehbar machen; bisherige Erfolge herausstellen*

**Idealized Influence**
*Charismatische Führung*

**Inspirational Motivation**
*Visionär-inspirierende Führung*

**Intellectual Stimulation**
*Fordernde Führung*

**Individualized Consideration**
*Fördernde Führung*

*Mitarbeiter dazu auffordern, eigene Ideen zu entwickeln und die Veränderung selbst mitzugestalten*

*Auf Fragen eingehen; die Meinung einzelner berücksichtigen; Weiterbildungsbedarf erkennen und regulieren*

**Abb-5: Individuelle Umsetzung von Facetten der transformationalen Führung (Quelle: Meier & Laux, 2014, S. 154).**

Die verhaltensbezogene transformationale Führung stellt hauptsächlich auf das qualitative Beziehungsgeflecht zwischen der Führungskraft und ihren Mitarbeitern ab. Das Kollektiv befindet sich im Zentrum. D.h. Führungskraft und Mitarbeiter stellen den gemeinschaftlichen Erfolg über die eigenen Interessen und Ziele (Blessin & Wick, 2014, S. 120). Kurzum: Im Idealfall handelt es sich um eine stets vorbildhafte, inspirierende, motivierende und kompetenzfördernde Führungspersönlichkeit (s. hierzu Yukl, 2013, S. 323–326).

Im Kern transformationaler Führung finden sich mithin – wie eingangs vermutet (S. 10) – die Schlüsselbegriffe Akzeptanz, Motivation und Lenkung wieder. Für das deskriptive Führungsideal sind diese Faktoren eine zwingende Voraussetzung. Wenn eine Führungskraft nicht vorbildlich nach allgemeingültigen Führungsgrundsätzen (z.B. Wertschätzung, Verständnis) handelt, werden die Mitarbeiter dieses Verhalten nicht adaptieren. Wenn die Mitarbeiter nicht hinreichend (intrinsisch) motiviert sind (z.B. durch Überzeugung der Führungskraft, Leistungsanerkennung), wird die maximale Leistung nicht erzielt. Intrinsische Motivation ist ein wesentlicher Bestandteil transformationaler Führung (Pelz, 2013, S. 36; Steiner & Felten, 2013, S. 51). Wenn den Mitarbeitern keine Richtung vorgegeben wird, der Arbeitsauftrag zu abstrakt ist (z.B. Laissez-faire, hoher Grad an Kreativität ohne konkrete Vorgaben), ist es den Mitarbeitern nicht möglich das angestrebte Ziel der Führungskraft (bzw. des Kunden) zu erreichen (fehlende Effektivität). Bezugnehmend auf die

Einleitung kann transformationales Führungsverhalten zudem eine deutlich größere Mitarbeiterzufriedenheit hervorrufen (Pelz, 2013, S. 36).

Transformationale Führung bewirkt eine lernende Organisation, in der Veränderungen als selbstverständlich und Fehler als Lernmöglichkeit betrachtet werden (Blessin & Wick, 2014, S. 121). Sie ist ein wichtiger Erfolgsfaktor und sollte in Form von Trainings und Coachings in der PuOE berücksichtigt werden (Borgmann & Rowold, 2013, S. 195; Riedelbauch, 2011, S. 39–44). Dies ist mit Blick auf die bildungswissenschaftliche Schwerpunktsetzung und die Konzeptentwicklung von Bedeutung.

## 2.5 Zusammenfassung

In diesem Kapitel wurde der Grundstein für den weiteren Verlauf der Arbeit gelegt. Festhalten lässt sich an dieser Stelle, dass Führung die Einflussnahme auf Mitarbeiter, insbesondere in prekären Situationen beschreibt. Die iFnk ist eine Person, die als Potenzialträger in einem mittelständischen Unternehmen ausgewählt wurde. Als interner Unternehmensaufsteiger steht sie ohne nennenswerte Führungserfahrungen kurz vor Übernahme der Führungsposition. An diese Rolle in der unteren Managementebene sind besondere Herausforderungen und Erwartungen geknüpft, besonders aufgrund des Rollenwechsels vom Kollegen zum Vorgesetzten. Den iFnk wird zwar ein kooperativer Führungsstil nahegelegt, der sich in der transformationalen Führung wiederfindet. Dennoch befinden sich iFnk in einem ständigen Zwiespalt in ihrer neuen Rolle. Das transformationale Führungsmodell mit seinen vier Grundpfeilern gilt aus Ausgangspunkt für die Kompetenzentwicklung des Führungsnachwuchses im nachstehenden Kapitel.

# 3 Führungskompetenz im unteren Management

In diesem Kapitel wird zunächst auf die Begriffe Kompetenz und Kompetenzentwicklung eingegangen, um ein arbeitsleitendes Verständnis dafür zu entwickeln. Nachfolgend wird erläutert, weshalb Fachkompetenz in dieser Arbeit ausgeblendet wird und wie sich die transformationale Führung sechsfach entfaltet. Der Beitrag von Coaching zur Kompetenzentwicklung wird abschließend besprochen.

## 3.1 Kompetenz und Kompetenzentwicklung

Das Konstrukt Kompetenz und dessen Entwicklung werden in Wissenschaft und Praxis zunehmend diskutiert. Beispielhaft sei auf die kompetenzorientierte Unternehmensentwicklung (Scheelen & Bigby, 2011) oder die Kompetenzmessung und -zertifizierung (Edelmann, 2011) hingewiesen. Die das lebenslange Lernen begleitende Kompetenzentwicklung (Dehnbostel, 2009, S. 217) strebt auch den Aufbau reflexiver Handlungsfähigkeit an. D.h. „die bewusste, kritische und verantwortliche Bewertung von Handlungen auf der Basis von Erfahrungen und Wissen" (Dehnbostel, 2009, S. 211). Dieser Reflexivität kommt im Coaching ein hoher Stellenwert zu.

Zu Beginn dieses Kapitels werden in Anbetracht der zahlreichen Versuche Kompetenz hinreichend zu definieren, dem Begriff der Kompetenz wie auch dem Begriff der Kompetenzentwicklung nachfolgende Begriffsbestimmungen zugrunde gelegt:

*Kompetenz*

> *„Kompetenzen sind in Entwicklungsprozessen entstandene, generalisierte Selbstorganisationsdispositionen komplexer, adaptiver Systeme – insbesondere menschlicher Individuen – zu reflexivem, kreativem Problemlösungshandeln in Hinblick auf allgemeine Klassen von komplexen, selektiv bedeutsamen Situationen"* (Erpenbeck & von Rosenstiel, 2007, S. XI in Anlehnung an Kappelhoff, 2004).

*Kompetenzentwicklung*

> *„Selbstorganisierter Aufbau von Handlungsfähigkeiten der Lerner, offene, komplexe und dynamische Herausforderungen in der Praxis selbst organisiert und kreativ lösen zu können"* (Sauter & Sauter, 2013, S. 2 in Anlehnung an Erpenbeck & von Rosenstiel, 2007).

Begründet wird die Verwendung dieser Definitionen damit, dass die deutsche Kompetenzforschung in Europa als dominierend gilt (Erpenbeck & von Rosenstiel, 2007, S. XI; Erpenbeck et al., 2013, S. 6). Überdies bezieht sich das vorliegende Konzept auf deutsche

Unternehmen des Mittelstands. Die genannten Autoren können nicht nur als renommierte Experten auf dem Gebiet der Kompetenzforschung angesehen werden, sondern befassen sich auch mit Führungskräften und der modernen Lernkultur (E-Learning, Blended Learning, etc.). Somit wird ein unmittelbarer Bezug zur vorliegenden Thematik hergestellt. Weiterführend sei hierzu an Erpenbeck, von Rosenstiel und Grote (2013, S. 7–14) sowie Stark (2009, S. 6–12) verwiesen.

## 3.2 Transformationale Führungskompetenzen in sechs Kompetenzclustern

Dadurch, dass die iFnk bereits seit einiger Zeit im Unternehmen tätig ist, wird eine gewisse Fachkompetenz vorausgesetzt. Aufgrund der nachfolgenden Gründe wird die Fachkompetenz im weiteren Vorgehen ausgeblendet: Es kommen in der neuen Position Aufgaben hinzu, die andere oder erweiterte fachliche Kompetenzen erfordern. Nichtsdestotrotz stehen diese hier nicht im Vordergrund, da die iFnk Fachkompetenz durch eine Ausbildung mitgebracht und im aktuellen Beschäftigungsverhältnis und ggf. in vorherigen -verhältnissen ausgebaut hat. Einer internen Nachwuchskraft wird die Führungsposition nicht grundlos angeboten, sondern mindestens auf Basis einer positiven Bewährungsphase. Zusätzlich kann sowohl eine Kompetenz- (Dehnbostel, 2010, S. 105) als auch eine Potenzialanalyse (Gunkel, 2014) helfen, die Eignung als Führungskraft zu untermauern. Dies setzt eine entsprechende fachliche Eignung voraus. Weiterhin besteht die Möglichkeit auf verschiedenen Wegen Fachkompetenz zu entwickeln oder zu fördern (z.B. Workshops, Fachzeitschriften). Diese Arbeit befasst sich mit Coaching, das sich nicht vordergründig an Fachkompetenz orientiert. Gerade in der Anfangsphase ist es ratsam, auf die neuen Führungsaufgaben vorzubereiten, die „nicht standardisiert zu lösen sind" (Withauer, 2011, S. 24).

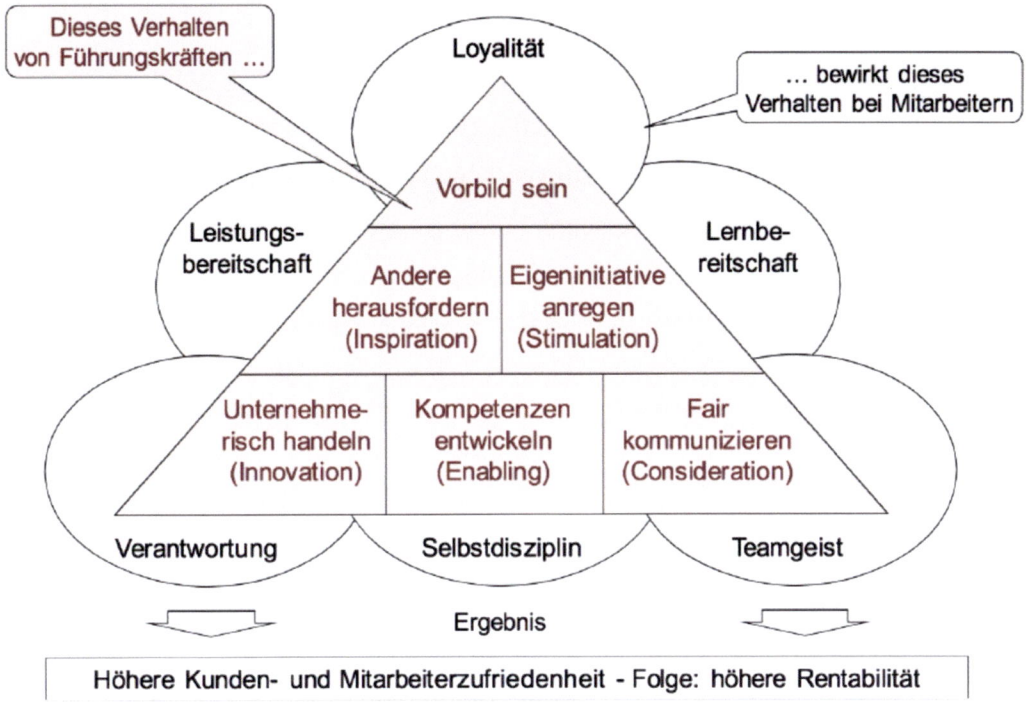

**Abb-6: Transformationale Führung (Quelle: Pelz, 2012, S. 44).**

Pelz (2012, 2013, 2014) übertrug das Modell der transformationalen Führung (Kap. 2.4) auf den deutschen Sprachraum. Anhand einer umfangreichen empirischen Studie baute er es mehrfach aus. Die ursprünglichen vier Komponenten wurden in diesem Zuge auf sechs erweitert. Überdies sollte erwähnt werden, dass hinsichtlich der sechs herausgestellten Führungskompetenzen Überschneidungen zu anderen Modellen existieren (Borgmann & Rowold, 2013, S. 191–192; Podsakoff, MacKenzie, Moorman & Fetter, 1990; Rowold & Heinitz, 2007).

Folgendes bestärkt das Zugrundelegen des angeführten Modells (Abb-6, S. 19): Es ist in der Lage, die Führungspraxis im deutschsprachigen Kulturkreis abzubilden (Pelz, 2013, S. 36). Ausgangspunkt stellten 34 Tiefeninterviews mit Geschäftsführern mittelständischer Unternehmen in Deutschland dar (Pelz, 2014, S. 3). Die Studie ist aktuell und weist einen großen Stichprobenumfang mit 10.726 Probanden auf (Pelz, 2014, S. 5), von denen 21 Prozent aus deutschen Unternehmen mit 100 bis 500 Mitarbeitern kommen (S. 7). Somit liegt eine Schnittmenge mit dem zugrunde gelegten Mitarbeiterspektrum vor. Das Modell wird in den nachstehenden Unterkapiteln erläutert. Die Kompetenzen lassen sich aus dem Verhalten der Führungskräfte ableiten (Abb-6, S. 19).

### 3.2.1 Vorbild

Die Vorbildfunktion oder Führen durch Vorbild ist eine grundlegende Anforderung an Führungskräfte (Pinnow, 2012, S. 236), die einflussreiche Vorbilder im Unternehmen darstellen (Seufert & Meier, 2013, S. 7). Es fällt vermutlich einfacher sich in die Person eines Lehrers hineinzuversetzen, der angemessenes Verhalten wie z.B. Respekt, Leistung und Pünktlichkeit nur dann von seinen Schülern einfordern kann, wenn er ihnen ein solches entgegenbringt. Vergleichsweise ähnlich ist es bei einer Führungskraft und deren Mitarbeitern. Wenn bspw. gewisse unternehmensinterne Grundsätze, Vorgehensweisen oder Prozessabläufe vereinbart wurden, dann haben alle Mitarbeiter diese Reglementierungen zu respektieren und sich vorschriftsmäßig daran zu halten. Ebenso gelten die Art und Weise der Aufgabenerledigung bzw. die Qualität von Arbeitsprozessen im Sinne der Auftragsannahme, -planung, -durchführung und des -abschlusses (Howe & Knutzen, 2007, S. 31–32) als Wirkfaktoren. I.d.R. kann angenommen werden, dass ein hoher Qualitätsanspruch seitens der Führungskraft einen solchen bei den unterstellten Mitarbeitern hervorruft bzw. eine Voraussetzung ist, wenn die Mitarbeiter einen ähnlich hohen Anspruch haben sollten. Dem obigen Modell kann entnommen werden, dass vorbildliches Verhalten der Führungskraft Loyalität bei den Mitarbeitern bewirkt (Abb-6, S. 19).

In Bezug auf die iFnk bedeutet das auch, dass vergangenes Verhalten bedeutsam ist. Hier stellen sich unter anderem Fragen nach dem bisherigen Qualitätsanspruch sowie der Berücksichtigung von unternehmensinternen Richtlinien und Absprachen. Wie handelte die iFnk in der Vergangenheit ohne Führungsverantwortung? Wo traten Reibungspunkte oder Konflikte mit den Kollegen, dem Vorgesetzten und dem Unternehmen auf? Beim Betrachten der Fragen geht hervor, dass der Erfolg von Führung bereits in der Phase als *gewöhnlicher* Kollege seinen Anlauf nimmt, da sich hier die Attitüden der Mitarbeiter gegenüber der iFnk stetig verfestigen. In jedem Fall überträgt sich die Art und Weise der bisherigen Zusammenarbeit auf die zukünftige Arbeit, zumindest ein Teil davon. Dies kann den Führungserfolg positiv und gleichwohl negativ beeinflussen.

Es geht ferner darum, inwieweit Werte und Ziele der iFnk authentisch sind (Pelz, 2012, S. 44). Eine von Zeitdruck, Mehrarbeit und Hingabe zum Unternehmen predigende Führungskraft, die trotz eines enorm hohen Auftragsvolumens nach Beendigung der Regelarbeitszeit das Büro verlässt, wirkt nicht authentisch (s. hierzu Aron-Weidlich, 2012, S. 31–32). Die Mitarbeiter haben ein Gespür für Authentizität und nehmen Ehrgeiz und Zielstrebigkeit genauso wahr wie Vertrauen und Respekt. Gleichermaßen warnt Pinnow (2012) vor dem Streben nach Sympathie aller Kollegen (dies impliziert natürlich auch den direkten Vorgesetzten der iFnk sowie Führungskräfte auf gleicher Hierarchieebene); es komme auf die Überzeugungen und Prinzipien der Führungskraft an, die in Veränderungsprozessen jedoch variieren können (S. 183–184).

Für das Gelingen der Führungsarbeit ist demnach ein hoher Identifikationsgrad mit der iFnk gefordert. Um diesen bei den Mitarbeitern zu erreichen, sind mitunter Reflexionsfähigkeit, Glaubwürdigkeit und Verantwortungsbewusstsein notwendig.

### 3.2.2 Ziele und Perspektiven

Die Entwicklung von Zielen und Perspektiven ist für iFnk ebenso von Bedeutung wie für ihre Mitarbeiter. Beide Parteien müssen gleichermaßen Ziele und Perspektiven haben, gewissermaßen als einen roten Faden. Perspektiven können dabei sowohl beruflicher als auch privater Natur sein (Pelz, 2013, S. 38). Führungskräfte sind daran gehalten ihre Mitarbeiter herauszufordern, um ihre Leistung(sbereitschaft) zu steigern (Pelz, 2012, S. 44; Abb-6, S. 19). Damit befinden sich diese in einem Spannungsverhältnis. D.h. sie sollten ihre Mitarbeiter weder über-, noch unterfordern. Ein optimales Anforderungsniveau sorgt für intrinsische Motivation (Deci & Ryan, 1993, S. 231) bei den Mitarbeitern. So stellen neue ungewohnte Arbeitsaufgaben, also solche, die von routinemäßigen Arbeitsprozessen abweichen, i.d.R. eine Herausforderung dar. Sie dürfen jedoch nicht zu schwierig sein, da der Lernprozess sonst gehemmt wird.

Zur Orientierung bzw. zum Aufzeigen einer langfristigen Perspektive werden Ziele formuliert. Bspw. könnte das die erfolgreiche Projektabwicklung eines Kundenauftrags sein, der ein neues Ausmaß an Umfang annimmt und somit neue organisatorische Kompetenzen abverlangt. Bei gemeinsamer Zielvereinbarung ist es empfehlenswert die sogenannte *SMART-Regel* zu berücksichtigen. Ziele sollten spezifisch, messbar, anspruchsvoll, realistisch und terminiert sein. Hiernach müssen Ziele konkret formuliert, mittels einer Methode festzustellen, motivationsfördernd, herausfordernd, erreichbar und zeitlich festgesetzt sein (Haller, 2012, S. 74–76).

In diesem Zusammenhang ist es wichtig, dass iFnk sich der vorhandenen Kompetenzen ihrer Mitarbeiter in etwa bewusst sind, um beurteilen zu können, bei welchen Aufgaben Mitarbeiter unter- oder überfordert sind. Sie müssen sich im Übrigen mit den Bedürfnissen und beruflichen Zielen ihrer Mitarbeiter auseinandersetzen, sie fördern und auch fordern. Dies umfasst z.B. die Lernkompetenz, die Motivation und den Ehrgeiz der Mitarbeiter. Die *SMART-Regel* kann daher nur dann angewendet werden, wenn iFnk imstande sind, ihre

Mitarbeiter entsprechend einzuschätzen. Wenn die iFnk also nicht in der eigenen Abteilung aufsteigt, sondern in einer Nachbarabteilung, ist es ratsam eine Kompetenzanalyse (Kap. 3.2) heranzuziehen, die idealtypisch aus der Vergangenheit vorliegt oder alternativ gemeinsam von der iFnk und den Mitarbeitern erarbeitet werden sollte.

### 3.2.3 Lernfähigkeit und Unterstützung

Damit Mitarbeiter eine auf Eigeninitiative bauende Lernbereitschaft zeigen, müssen diese über entsprechende Fähigkeiten, Kenntnisse und Ressourcen verfügen. Dies schließt z.B. eine angenehme und lernförderliche Arbeitsatmosphäre, Gestaltungsspielraum, Büromaterial und technisches Equipment zur täglichen Arbeit ein. Die iFnk muss sich also fortlaufend die Frage stellen, ob ihre Mitarbeiter die notwendige Unterstützung von ihr erhalten, um die täglichen Arbeitsprozesse erfolgreich und kundenorientiert durchführen zu können. Sie muss ihren Mitarbeitern also den Weg ebnen, damit diese den Anforderungen gerecht werden können und den Herausforderungen gewachsen sind.

Das organisationale Lernen und somit die individuellen Lernprozesse (Fahrenwald, 2011, S. 167–169) der jeweiligen Mitarbeiter eines mittelständischen Unternehmens nehmen eine herausragende Stellung ein. Gerade der organisationale Wandel bzw. die Weiterentwicklung einer Organisationsentwicklung hin zu einer lernenden Organisation (Feld, 2010) verdeutlicht dies. Neben formalem Lernen (z.B. zertifizierte Weiterbildungsangebote) wird heute vor allem informellem Lernen (Kaufmann, 2012) eine große Bedeutung zugeschrieben (Kuhlmann & Sauter, 2008, S. 11–13). Dieses findet i.d.R. inzidentell (Dehnbostel, 2010, S. 38), bspw. am Arbeitsplatz oder arbeitsplatznah statt (z.B. Learning Communities, Social Media).

Die Kompetenzentwicklung der Mitarbeiter im Unternehmen – dies inkludiert formales, non formales sowie informelles Lernen – fällt auch in den Aufgabenbereich der iFnk. Diese sollte nicht nur über ihre eigenen Kompetenzen Bescheid wissen (Kompetenzerleben), sondern auch über die ihrer Mitarbeiter. Gemeinsam können Kompetenzen zielgerichtet entwickelt und ausgebaut werden. Bspw. ist die Einbindung von Führungskräften bei der organisationalen Verankerung eines E-Learning-Systems essenziell (Seufert & Meier, 2013, S. 7). Die iFnk ist mitverantwortlich für das Bildungs- und Karrieremanagement (Laufbahn-, Personalplanung) sowie die Lernkultur im Unternehmen – insbesondere in ihrer Abteilung. Sie sollte individuelle Lernprozesse ihrer Mitarbeiter anregen und ermöglichen, um nicht zuletzt selbstgesteuertes Arbeiten (Dehnbostel, 2008, S. 6) zu fördern.

### 3.2.4 Kommunikation und Fairness

Das Kommunikationsaufkommen nimmt angesichts der heutigen Wissensintensivierung zu. Kommunikation kann als eine Basiskompetenz betrachtet werden (Aron-Weidlich, 2012, S. 13; Gräser, 2013, S. 54). Sie gilt auch bei Mitarbeitern ohne Führungsverantwortung als tragende Kompetenz, weist bei Führungskräften allerdings ein noch höheres Gewicht auf. Dies lässt sich dadurch erklären, dass Mitarbeiter zu ihrer Führungskraft idealerweise ein Vertrauensverhältnis aufbauen und umgekehrt. So könnten private Probleme, die die Arbeitsleistung beeinträchtigen sowie Konflikte mit anderen Kollegen in einem *Vier-Augen-Gespräch* thematisiert werden. Solche sensiblen Informationen sollten von der iFnk vertraulich behandelt werden. Sie ist gefordert zur Problemlösung beizutragen. Konflikte bedürfen einer Analyse, was normalerweise nur dann möglich ist, wenn mit der anderen Konfliktpartei kommuniziert wird. Dafür ist eine ausreichende Konfliktkompetenz (Bruns, 2013) unbedingt erforderlich.

Fairness gilt als Selbstverständlichkeit. Dies impliziert wie bereits angesprochen (Kap. 2.4), dass Mitarbeiter von ihrer Führungskraft als wertzuschätzende lernende Individuen in der Wertschöpfungskette des Unternehmens betrachtet werden sollten. Dabei darf kein Mitarbeiter bevorzugt oder benachteiligt werden und gleichermaßen sollte auf individuelle Bedürfnisse eingegangen werden. Dies lässt sich zwar theoretisch formulieren. Die Umsetzung in der Führungspraxis ist hingegen sehr anspruchsvoll, insbesondere in der Anfangsphase der Rollenübernahme. Allgemeingültige Regeln können hier ebenso wie eine transparente Vorgehensweise (z.B. bei der Urlaubsvergabe) helfen Fairness nicht nur zu propagieren, sondern auch fair zu handeln und eine entsprechende offene Unternehmens- bzw. Abteilungskultur zu fördern und den Teamgeist zu stärken.

### 3.2.5 Ergebnisorientierung

Die Ergebnisorientierung bewirkt Selbstdisziplin im Verantwortungsbereich der Mitarbeiter. Beispielhaft sei hier kurz auf die Projektarbeit eingegangen. Im Zuge des steigenden Projektgeschäfts in vielen Unternehmen sind individuelle Kompetenzen der Mitarbeiter zur Projektrealisierung notwendig. Es wird demnach ein Projektteam aufgestellt, dass „eine zeitlich begrenzte Organisationsform" (Schiersmann & Thiel, 2014, S. 186) darstellt, um das Projekt durchzuführen. Wird in einem mittelständischen Unternehmen ein Projekt durchgeführt, dann partizipieren mehrere Mitarbeiter unterschiedlicher Hierarchiestufen. Dabei nimmt die Ergebnisorientierung bspw. eine Motivationsfunktion ein. Sie kann eine hohe Identifikation mit dem Projektauftrag hervorrufen und somit erfolgswirksam sein (Schiersmann & Thiel, 2014, S. 186–188). In der Projektdurchführung ist es zudem sinnvoll sich an Ergebnissen zu orientieren, um einerseits zügig Arbeitsergebnisse zu erzielen. Es kann z.B. abgewogen werden, was realistisch erreichbar ist und an welchen Stellen womöglich Probleme aufgetaucht sind oder auftauchen werden, sodass nachgebessert werden kann. Andererseits sollte klar sein, dass die im Projekt stattfindenden individuellen Lernprozesse der Projektmitarbeiter eine gewisse Zeit in Anspruch nehmen (Schiersmann & Thiel, 2014, S. 34–35).

Wenn sich die iFnk an erzielten Ergebnissen der Mitarbeiter orientiert, sollte diese gleichermaßen daraus ableiten können, welche Mitarbeiterkompetenzen gefördert bzw. entwickelt werden müssen. Der iFnk kommt nicht nur in der eigenen Projektmitarbeit eine wichtige Rolle zu, sondern auch hinsichtlich des Umgangs mit ihren unterstellten Mitarbeitern in einem Projekt. So fällt es womöglich nicht einfach unterstellte Mitarbeiter zugunsten eines Projekts zeitweise im operativen Tagesgeschäft zu verlieren. Oftmals werden Mitarbeiter für eine gewisse Zeit freigestellt. Das kann bedeuten, dass das Projekt ihre komplette Anwesenheit über einen bestimmten Zeitraum oder aber eine anteilige Freistellung neben der täglichen Abteilungsarbeit erfordert. Die Führungskraft ist dann daran gehalten, die Dualität der Arbeit zu berücksichtigen. Dies ist unter Umständen aufgrund der zwei unterschiedlich geforderten Ziele bzw. Ergebnisse nicht einfach.

### 3.2.6  Unternehmerische Haltung

Die unternehmerische Haltung sollte sich in jeglichem Handeln widerspiegeln. An dieser Stelle dient folgender Fragenkomplex als Richtschnur:

- Was würde ich tun, wenn es meine eigenen Ressourcen wären (z.B. Büromaterial)?
- Wie könnte ich sparen (z.B. Firmenfahrzeug oder öffentliche Verkehrsmittel)?
- Welche Auswirkung resultiert bei Zielverfehlung (z.B. kein termingerechter Projektabschluss)?
- Wie kann der Gewinn langfristig ausgedehnt werden (z.B. Neukundenakquise)?

Diesen Fragen sollte sich jede Führungskraft und jeder Mitarbeiter bewusst sein. Denn jeder kann innerhalb seines individuellen Handlungs- und Gestaltungsspielraums ein Arbeitskraftunternehmer (Pongratz & Voß, 2003) sein. Jedes Individuum sollte sich Gedanken darüber machen, was in ihrer direkten Arbeitsumgebung verändert oder verbessert werden könnte. Die unternehmerische Haltung soll demnach ein Verantwortungsgefühl bei den Mitarbeitern bewirken. In vielen Großunternehmen sind diesbezüglich bereits Innovations- oder Ideenmanagement etabliert. Umgesetzte Verbesserungsvorschläge der Mitarbeiter werden z.B. durch Einmalzahlungen honoriert.

Ergänzend sei hierzu angemerkt, dass die ausschließlich unternehmerische Denk- und Handlungsweise zu kurz greift. Vielmehr müsste ein ganzheitliches Nachhaltigkeitsbewusstsein geschaffen werden. Nicht das ökonomische Denken sollte jegliche Handlung dominieren, sondern auch die Verantwortung gegenüber der Gesellschaft (s. hierzu Eck, 2013, S. 349–351) und Umwelt sollte Berücksichtigung finden.

## 3.3  Kompetenzentwicklung durch Coaching

„Leadership competencies can be developed in a number of ways, including formal training, development activities, and self-help activities" (Yukl, 2013, S. 367). Demnach gibt es verschiedene Wege Führungskompetenzen zu entwickeln. Dazu zählen Führungskräftetrainings und Aktivitäten zur Selbsthilfe.

Eine Problemstellung klassischer Führungskräftetrainings stellt der Lerntransfer dar. Das bedeutet, dass das Gelernte als *träges* Wissen vorhanden ist und nicht in der Praxis zur Anwendung kommt. Coaching bietet aufgrund seiner Offenheit, der Entwicklung von Problemlösungsstrategien sowie der Persönlichkeitsentwicklung eine Lösung des Problems. Weiterhin ermöglicht es eine Praxiserprobung und Reflexion (Geißler, 2012a, S. 126).

Das Modell der transformationalen Führung eignet sich für profunde und praxisorientierte Führungskräftetrainings, die durch Einzelcoachings komplettiert werden können (Steiner & Felten, 2013, S. 53). Die Erlern- und Trainierbarkeit transformationaler Führung (Bass, 1990, S. 27; Pelz, 2012, S. 43) konnte in einer Längsschnittstudie zur Evaluierung eines Personalentwicklungsprogramms nachgewiesen werden (Abrell, Rowold, Weibler & Mönninghoff, 2011). Integralen Bestandteil stellte dabei Coaching dar. In deutschen Großunternehmen ist Führungskompetenz die häufigste übergeordnete Zielstellung von Coaching im unteren Management (Tonhäuser, 2010, S. 198). Coaching kann somit einen Beitrag zur Entwicklung transformationaler Führungskompetenzen leisten.

Natürlich besteht die Möglichkeit Grundlagen von Führung in Vorträgen zu vermitteln. Dies kann zu Anfang auch fruchtbar sein. Doch handelt es sich bei Führung vielmehr um die Interaktion mit verschiedenen Menschen im Unternehmen, bei der z.B. ein hohes Maß an sozialer Kompetenz (Hochbein, 2013, S. 454–456) unverzichtbar ist. In erster Linie betrifft Führung die Beziehung zwischen der iFnk und ihren Mitarbeitern. Für erfolgreiches Führungshandeln sind dabei vor allem Kommunikation und Einflussnahme wichtig. Diese Aspekte können gezielt durch das Instrument Coaching beeinflusst werden.

Um die vielfältigen Herausforderungen im Führungsalltag bewältigen zu können, müssen die iFnk handlungsfähig sein. Diese Handlungsfähigkeit wird durch den Aufbau von Kompetenzen erreicht. Es liegt dementsprechend nahe, dass die Kompetenzen praxisorientiert und in der Praxis entwickelt werden. Zur Entwicklung von Führungskompetenz und für erfolgreiches Führungshandeln besteht die Herausforderung also darin, das Gelernte im mittelständischen Unternehmen, in der privaten Umgebung und im Coaching miteinander zu verzahnen. Um dies zu erreichen, wird eine stark an der Praxis ausgerichtete und ganzheitliche Kompetenzentwicklung im Blended Coaching Konzept angestrebt.

## 3.4  Zusammenfassung

Für die Begriffe Kompetenz als auch Kompetenzentwicklung wurden arbeitsleitende Definitionen herangezogen. Die transformationalen Führungskompetenzen (Pelz, 2012, 2013, 2014) wurden dargelegt. Vorbildliches Verhalten seitens der Führungskraft bewirkt Loyalität bei den Mitarbeitern. Das Aufzeigen von Zielen und Perspektiven führt Leistungsbereitschaft herbei. Lernfähigkeit und Unterstützung bewirken Lernbereitschaft. Faire Kommunikation ruft Teamgeist hervor. Ergebnisorientierung erzeugt Selbstdisziplin und die unternehmerische Haltung Verantwortung bei den Mitarbeitern. Transformationale Führungskompetenzen können mithilfe von (Blended) Coaching entwickelt werden.

# 4 (Blended) Coaching für interne Führungsnachwuchskräfte

Im Folgenden wird auf Coaching eingegangen, um es begrifflich zu bestimmen und einen Überblick zu diesem Instrument in der PuOE zu erhalten. Dazu wird eine knappe Abgrenzung zu anderen Interventionen vorgenommen. Die Anlässe und Ziele von Coaching sowie das Ablaufschema eines Coachingprozesses folgen. Nützliche Erkenntnisse aus der Erwachsenenbildung und dem Blended Learning, Tendenzen im E-Coaching als auch Anforderungen an ein Blended Coaching Konzept beenden das Kapitel.

## 4.1 Genese, Definitionsansätze und Abgrenzung zu anderen Interventionen

Der Begriff Coaching leitet sich von Coach (Kutsche/r) ab und kennzeichnet dessen Aufgabe die Pferde sicher und zügig ans Ziel zu geleiten. Dieses Begriffsverständnis hat im weiteren Sinne bis heute Bestand (Lippmann, 2013a, S. 14). Dieser Auffassung nach zu urteilen, lässt sich der Kutscher auf die iFnk projizieren, die Pferde auf deren unterstellte Mitarbeiter und die Kutsche auf die Kompetenz. Nach moderner Anschauung ist es die Aufgabe der iFnk, die Mitarbeiter effektiv (der richtige Weg) und effizient (zügig) zu navigieren. Gleichwohl sollten sie ihre Mitarbeiter verantwortungsvoll und wertschätzend behandeln (sicher), um gemeinschaftlich erfolgreich zu sein (Ziel). Dies knüpft an transformationale Führung und adäquates Führungsverhalten an.

Die Wurzeln des Wirtschaftscoachings liegen in Amerika (Schreyögg, 2010, S. 19–21). Bevor Coaching Mitte der 1980er Jahre in Deutschland Einzug in den betrieblichen Kontext und somit ins Management erlangt hat (Böning, 2014, S. 23–24), wurde es im Hochleistungssport zur Begleitung der Sportler sowie zur Vorbereitung auf deren Wettkämpfe eingesetzt. Dies bietet sich aufgrund der Vereinsamung der Sportler an (ausgeprägte Mobilität durch verschiedene Trainings- und Wettkampforte) (Schiessler, 2010, S. 27–29). Dieser Vereinsamung muss sich häufig auch eine Führungskraft stellen. Wenn also die Rollenübernahme des Führungsnachwuchses proklamiert bzw. vollzogen wurde, steht diese wahrscheinlich ebenso der Vereinsamung gegenüber (z.B. Isolation durch Einzelbüro, Veränderung der Kommunikationsinhalte).

Obgleich heute eine regelrechte Hochkonjunktur im Coaching besteht (Gross & Stephan, 2012, S. 319), ist die Definition von Coaching nach wie vor uneinheitlich (Schiessler, 2010, S. 25; Schreyögg, 2010, S. 20–21). Konsens besteht in sehr vielen Coachingansätzen darin, dass Coaching eine *Hilfe zur Selbsthilfe* darstellt (Böning, 2013, S. 145; Grafe & Krassnitzer, 2011, S. 204; Loebbert, 2014, S. 201; Schiessler, 2010, S. 80–89). Das Instrument bzw. die Profession Coaching ist noch relativ jung (Böning, 2013, S. 144). Der Deutsche Bundesverband Coaching (DBVC) zieht folgende Definition heran:

> *„Coaching ist die professionelle Beratung, Begleitung und Unterstützung von Personen mit Führungs-/ Steuerungsfunktionen und von Experten in Unternehmen/ Organisationen. Zielsetzung von Coaching ist die Weiterentwicklung von individuellen oder kollektiven Lern- und Leistungsprozessen bzgl. primär beruflicher Anliegen"* (DBVC, o. J.).

Dieser Definition zufolge handelt es sich zusammengefasst um die Einzel- oder Gruppenberatung, -begleitung und -unterstützung von Führungspersonen und Experten in Unternehmen. Bei Böning und Fritschle (2005) findet sich eine Zusammenstellung von Definitionen (S. 37–44), ebenso bei Greif (2008, S. 53–59). Schiessler (2010) führt eine Reihe von Begriffsbestimmungen an, legt sich jedoch auf keine dieser Definitionen fest (S. 33). Anknüpfend daran soll auch in der vorliegenden Arbeit keine der zahlreichen Definitionen arbeitsleitend sein. Daher wird eine eigene, enger gefasste und damit zielgruppenspezifische Definition in Anlehnung an den DBVC (o. J.) vorgeschlagen: Coaching wird als ein modernes Beratungs- und Begleitungsinstrument zur Kompetenzentwicklung von iFnk aufgefasst, das diese zur reflexiven und selbstständigen Lösung beruflicher Herausforderungen und Probleme im Führungsalltag befähigen soll.

Coaching kann unter anderem in der Erwachsenen- bzw. Weiterbildung verortet werden, da es sich um eine Form selbstgesteuerten Lernens handelt (Geißler, 2012b, S. 138–141). Ein hoher Verbreitungsgrad von Coaching findet sich z.B. in der Berufs- und Weiterbildungsbegleitung (Dehnbostel, 2010, S. 101), bei der mitunter zwischen dem Setting des Einzel-, Gruppen- und Selbstcoachings unterschieden wird (Tab-1). Diese Coachingformen kommen auch im vorliegenden Konzept zum Tragen.

| Coachingform | Gegenstand |
|---|---|
| Einzelcoaching | Systematische Begleitung eines Mitarbeiters zur Kompetenzentwicklung durch einen Coach |
| Gruppencoaching | Systematische Begleitung einer Gruppe und einzelner Mitglieder zur Kompetenzentwicklung durch einen Coach |
| Selbstcoaching | Kompetenzentwicklung durch selbstgesteuertes Lernen im Umgang mit beruflichen und privaten Herausforderungen und Problemen |

**Tab-1: Coaching als Kompetenzentwicklung (Quelle: eigene Darstellung in Anlehnung an Dehnbostel, 2010, S. 102 und Geißler, 2012b, S. 140).**

Die Abgrenzung zu anderen Beratungsformaten ist fließend. Es besteht eine große Schnittmenge (Winter, 2005, S. 210). Dennoch lassen sich Unterschiede zu den verwandten Interventionsmaßnahmen wie bspw. Supervision, Mentoring und Organisationsberatung ausfindig machen. Hierzu haben Winter (2005) sowie Graf und Edelkraut (2014) eine Synopse angefertigt (A-5, A-6, A-7).

Bezogen auf die iFnk lässt sich daraus Folgendes ableiten: Beim vorwiegend auftretenden substanziellen Einzelcoaching (s. hierzu A-8) sind ein Coachee (iFnk) und ein Coach involviert. Der Coachee soll mithilfe des Coachings imstande sein, ein akutes Problem mit dem direkten Vorgesetzten eigenständig zu bewältigen. Bei der Supervision würden hingegen alle Konfliktparteien beteiligt sein, d.h. die iFnk und deren Vorgesetzter. Der Supervisor ist dabei die gesprächsführende (unwissende Beratungs-)Person. Bei der Organisationsberatung hingegen wären die iFnk, deren Vorgesetzter und die beteiligten Mitarbeiter involviert. Mittels eines Moderators wird angestrebt, die Strukturen zu verstehen und durch Fragen und Verständnis das Problem gemeinschaftlich zu lösen. Das Mentoring basiert auf einer persönlichen Beziehung zwischen zwei Organisationsmitgliedern. D.h. der iFnk wird ein erfahrener und ranghöherer Mentor längerfristig an die Seite gestellt ohne ein festgelegtes Ziel zu verfolgen. In diesem Fall würde der Mentor dem Mentee (iFnk) Ratschläge zur Problemlösung mit dem direkten Vorgesetzten unterbreiten.

Dies sind nur einige knapp skizzierte Aspekte, die Unterschiede zum Coaching aufzeigen. Zur thematischen Vertiefung sowie zur Zusammenschau sei an dieser Stelle auf folgende Autoren verwiesen: DBVC (o. J.), Rauen (2003), Schmidt-Lellek (2003), Schreyögg (2003) und Tonhäuser (2010, S. 58–68).

## 4.2 Coachinganlässe und -ziele

Die Beweggründe und damit einhergehend die Ziele von Coaching sind unterschiedlicher Natur und somit von Einzelfall zu Einzelfall verschieden. Bspw. können dies organisatorische Umstrukturierungen, wichtige strategische Entscheidungen oder die (erstmalige) Rollenübernahme einer Führungsposition sein (Pinnow, 2012, S. 283). Häufig findet sich die Differenzierung zwischen geschäftlichen (Business oder Executive Coaching) und privaten (Life oder Gesundheits-Coaching) Coachinganlässen (Böning, 2014, S. 22–23). Dies mag zwar auf den ersten Blick plausibel erscheinen, doch ist diese Abgrenzung oft nicht trennscharf, sondern verschmelzend. Daher sollte nicht von einer Abgrenzung gesprochen werden, sondern vielmehr von einer geschäftlichen oder privaten Schwerpunktsetzung. Hierzu hat Böning (2014) treffend eine Themen-Rosette angefertigt (A-9). Denn wie in der Einleitung dargelegt wird die Arbeitswelt kontinuierlich vielfältiger und verzahnt sich dadurch fortlaufend mit dem Privatleben. Eine solche Entgrenzung von Berufs- und Privatleben sollte im Coaching unbedingt berücksichtigt und damit deren Einfluss nicht unterschätzt werden. Der vorliegende Schwerpunkt ist hier das *Business Coaching*.

Privatangelegenheiten einer iFnk (z.B. finanzielle Sorgen) wirken sich mitunter drastisch auf die berufliche Arbeit und folglich auf das Führungsverhalten aus. Mangelnde Leistungsfähigkeit (also das Abweichen vom Normalniveau) könnte sich z.B. anhand fehlender Konzentrationsfähigkeit, kommunikativer Einschränkung (Isolierung), untypischen Koordinationsentscheidungen oder auch verminderter Kooperationsfähigkeit bemerkbar machen. Wie in der Definition festgelegt, fokussiert sich das Coaching hier auf das berufliche Geschehen. Daher finden private Einflussfaktoren nur sekundäre Berücksichtigung. Diese können jedoch bewusst oder unbewusst, hauptsächlich oder nebensächlich Anlass für ein Coaching sein.

Parallel zur steigenden Arbeitsvielfalt siedeln sich Coachinganlässe auf einem breiten Spektrum an (Schiessler, 2010, S. 90). Im *Business Coaching* lassen sich Coachinganlässe allgemein in ressourcenorientiert und krisenhaft untergliedern (Schreyögg, 2010, S. 36). Beide Gliederungspunkte treffen jedoch auf die iFnk zu. Der Coachinganlass ist ressourcenorientiert, weil die iFnk in ihrer neuen Rolle bzw. zur Vorbereitung auf ihre neue Rolle gecoacht wird. Krisenhaft ist der Anlass, zumal die Übernahme eines neuen Arbeitsplatzes ansteht (Schreyögg, 2010, S. 37), nach Bekanntgabe der neuen Führungskraft die ehemaligen Kollegen einen erheblichen Anteil am Gelingen beisteuern (z.B. Akzeptanz des ehemaligen Kollegen als Vorgesetzten), die neue Rolle anfangs sehr zeitintensiv ist und ggf. mit der *Work-Life-Balance* kollidiert. So dient Coaching bei neuen Führungskräften zum einen der „Konfliktvorbeugung" und zum anderen der „Konfliktbewältigung" (Schreyögg, 2010, S. 37; s. hierzu A-10, A-11).

Im Sinne der erwähnten Hilfe zur Selbsthilfe ist das übergeordnete Coachingziel die individuell zugeschnittene Förderung humanisierter Potenzialentfaltung und Effizienzerhöhung (Pohl, 2010, S. 26–27; Schiessler, 2010, S. 29; Schreyögg, 2010, S. 29–30). Graf (2011) zentriert als Coachingziel die persönliche, soziale und funktionale Veränderung und Entwicklung (S. 133). Coaching „ermöglicht Personen oder Gruppen eine professionelle Reflexion und Weiterentwicklung ihrer Lern- und Kompetenzentwicklungsprozesse, um ihre Selbstständigkeit, Selbststeuerung und Kompetenzen zu erhöhen" (Dehnbostel, 2010, S. 101).

Coaching betrifft in erster Linie das lernende Individuum, also die iFnk und deren Kompetenzentwicklung. Dennoch ist der Hintergrund ein ökonomischer, da das Unternehmen eine finanzielle Investition tätigt, die sich nach angemessener Zeit amortisiert haben sollte. Da die Mehrheit der mittelständischen Unternehmen nicht in der Lage ist, eine solche Dienstleistung aus eigener Hand bereitzustellen, wird diese im Regelfall an einen externen Anbieter abgetreten (Dehnbostel, 2010, S. 97). Essenziell ist hier indes die Entwicklung und Entfaltung transformationaler Führungskompetenzen. Das konkrete Ziel eines Führungskräftecoachings wird zu Anfang der ersten Coachingsitzung zwischen dem Coach und dem Coachee (iFnk) erarbeitet und ist Bestandteil eines Coachingprozesses.

## 4.3   Etappen eines Coachingprozesses

Nach Dehnbostel (2010) „konzentrieren sich Coachingprozesse auf mittleren und unteren betrieblichen Hierarchieebenen auf die Begleitung von qualifikatorischen, kompetenzgebundenen und beruflichen Entwicklungen im Rahmen von Maßnahmen und Konzepten betrieblicher Bildungsarbeit" (S. 101). Der Coachingprozess erstreckt sich Rauen (2005) zufolge über drei Phasen, denen insgesamt acht Schritte zugeordnet werden (Abb-7).

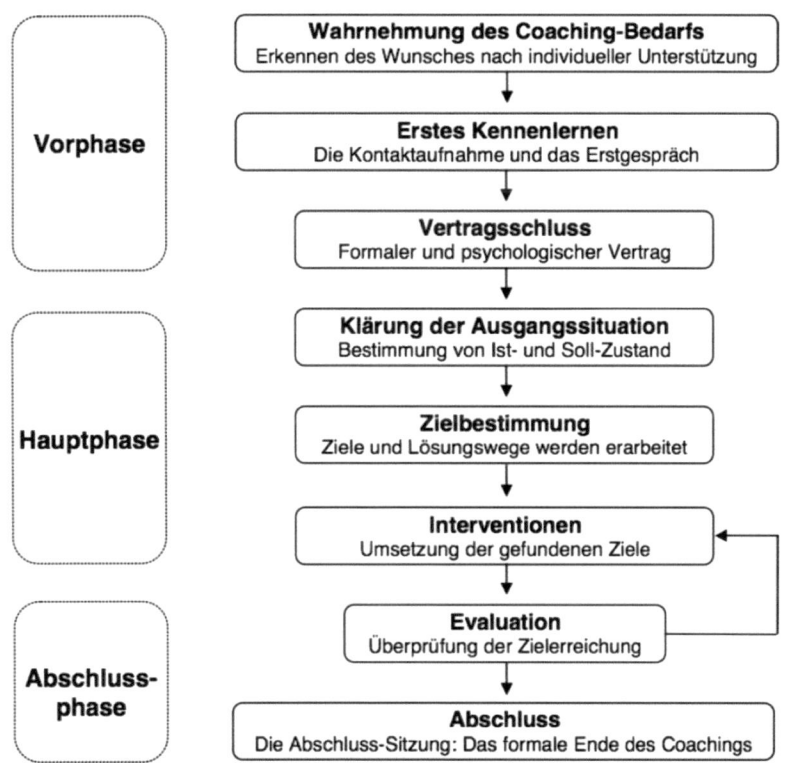

**Abb-7: Der schematische Ablauf eines Coachingprozesses nach Rauen (Quelle: Rauen, 2005, S. 275).**

Die Vorphase enthält drei Schritte, beginnend mit der Bedarfswahrnehmung, dem ersten Kontakt und der Vertragsvereinbarung. Das mittelständische Unternehmen muss den

Coachingbedarf erkennen. Dies kann vom direkten Vorgesetzten der iFnk, der PuOE als auch von der iFnk (Coachee) selbst wahrgenommen werden. Nachdem der Unterstützungsbedarf erkannt wurde, wird ein Coach selektiert. Dieser kann bereits in der Vergangenheit für das Unternehmen tätig gewesen sein oder wird von den beteiligten Parteien vorgeschlagen bzw. empfohlen. Dann folgt ein erstes Kennenlernen von Coach und Coachee, das nach positivem Eindruck – beide Parteien müssen von der Zusammenarbeit überzeugt sein – und ggf. Rücksprache mit der PuOE sowie dem direkten Vorgesetzten (z.B. in puncto des verfügbaren Budgets) durch einen Vertrag besiegelt wird.

Die Hauptphase beinhaltet zunächst die Bestimmung der Ist- und Soll-Situation. Hier wird vom Coachee erwartet, die aktuelle Arbeitssituation möglichst präzise zu schildern. Dies umfasst akute und mögliche zukünftige Gegebenheiten wie Lernen am Arbeitsplatz, Konflikte, Kooperationsfähigkeit und Arbeitsatmosphäre. Für das Coaching ist es von herausragender Bedeutung, dass der Coach sich ein Bild vom Arbeitsplatz und der Abteilung des Coachees macht. Darauf basierend wird gemeinsam der Soll-Zustand ermittelt, also die Übernahme der Führungsposition und erfolgreiches Führungshandeln. Anschließend werden (Teil-)Ziele des übergeordneten Führungserfolgs (Kap. 2.2) erschlossen (z.B. Akzeptanzherstellung) und Lösungswege erarbeitet.

In der dritten Phase werden die anvisierten Ziele evaluiert. Bei Bedarf findet eine erneute Intervention statt. Hat sich eine positive Zielerreichung eingestellt – die iFnk fühlt sich in der Führungsposition sicher und ist erfolgreich – rundet eine Abschlusssitzung, inklusive formaler Aspekte, den Coachingprozess ab. Da Rauen (2005) in der einschlägigen Coaching Literatur ein vielzitierter Autor ist, seine Prozessabfolge häufig herangezogen und hier als sinnstiftend erachtet wird, wird dieses Schema zugrunde gelegt. Zur weiteren Auseinandersetzung wird auf eine zusammenfassende Darstellung von Coachingprozessen (Kaufel, 2008, S. 66–74) hingewiesen.

## 4.4 Erkenntnisse aus der Erwachsenenbildung und dem Blended Learning

Coaching ist in vielen Bereichen des lebenslangen Lernens als fester Bestandteil nicht mehr wegzudenken. Sei es in der beruflichen Bildung in der Übergangsphase von Schule zu Beruf, in der Weiterbildung als nachgefragtes Qualifizierungsangebot, in der Wirtschaft als Krisenintervention bei umfangreichen Veränderungen oder als Instrument zur Optimierung der *Work-Life-Balance*.

Bis heute haben sich drei wesentliche Lerntheorien herausgebildet: Behaviorismus, Kognitivismus und Konstruktivismus, denen sich der moderne Konnektivismus anschließt (Kuhlmann & Sauter, 2008, S. 43–50; Reinmann, 2013, S. 2–4). Daraus sind didaktische Modelle und Konzepte (Raithel, Dollinger & Hörmann, 2009, S. 77) entstanden. Eines davon ist das Berliner Modell, also die lerntheoretische Didaktik nach Heimann, Otto und Schulz (1965). Dieses Modell unterstellt den vier Entscheidungsfeldern Intentionalität, Thematik, Methodik und Medien Interdependenz und bezieht sich auf den (Schul-)Unterricht. Nichtsdestotrotz kann es für das Blended Coaching Konzept angewendet werden. „Es ist offen für alle Positionen und Disziplinen und deren Ergebnisse, sofern sie sich auf Lehr- und Lernvorgänge beziehen lassen" (Peterßen, 2000, S. 94). Vor dem Hintergrund des steigenden Flexibilisierungsgrades (z.B. Lernort, -zeit, Medienlandschaft) hat Peterßen (2000) die Lernorganisation als didaktische Entscheidungskonstante hinzugefügt, welche bspw. die zeitliche Struktur, Einzel- oder Gruppenarbeit, synchrone oder asynchrone Kommunikation beinhaltet (Kerres, 2013, S. 217–218). Für das hybride Coaching Konzept ist es mithin nachvollziehbar, dass die Lernorganisation besondere Berücksichtigung erfährt. Eine Weiterentwicklung und individuelle Anpassung an das Berliner Modell zeigt die folgende Grafik (Abb-8).

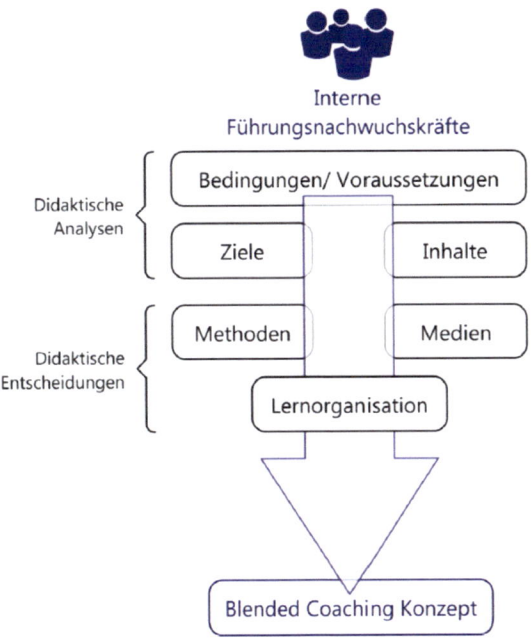

**Abb-8: Didaktische Analysen und Entscheidungen in der Mediendidaktik (Quelle: eigene Darstellung in Anlehnung an Kerres, 2013, S. 217).**

Typische Planungsgrundlagen von Lehr-Lernarrangements umfassen im Regelfall die im Modell abgebildeten Konstanten Lehr- bzw. Lernziele, -inhalte, -methoden und -medien

(Bönsch, 1992, S. 165–166; Digel, 2013; Kiel, 2010, S. 774–775; Raithel et al., 2009, S. 80; Reinmann, 2013, S. 5; Wilbers, 2012, S. 39). Dabei fungiert das Berliner Modell als elementarer Ausgangspunkt. Peterßen (2000) hält überdies fest: „Von der didaktischen Grundlegung her erweist sich das Berliner Modell als das denkbar offenste, weiteste und flexibelste zur Unterrichtsplanung" (S. 94). Und so fußt auch die gestaltungsorientierte Mediendidaktik auf dem Berliner Planungsmodell (de Witt & Czerwionka, 2007, S. 90). Fokussiert wird dabei die Frage nach dem sinnvollen Einsatz (neuer) Medien, um Lehr- und Lernziele effektiv und effizient zu vermitteln (de Witt & Czerwionka, 2007, S. 11). Die Konzeptentwicklung mediengestützter Lehr-Lernprozesse ist Bestandteil des didaktischen Designs, bei dem ebenso Zielgruppe, Ziele, Inhalte, Methoden und Medien zu bestimmen sind (de Witt & Czerwionka, 2007, S. 84–85).

E-Learning, also das Lehren und Lernen mit neuen Medien, erfährt durch die kurzen medialen Innovationszyklen fortlaufend eine Art Renaissance. Denn mit jeder Neuerung ergeben sich automatisch neue Möglichkeiten zur Realisierung von elektronischen Lehr-Lernarrangements. Die Überschrift „Medienkompetenz als neue Kulturtechnik" (Weiß, 2012) lässt dies ungefähr erahnen. Somit stehen Wissenschaft und Praxis vor immer neuen Herausforderungen. In diesen Kontext sei auch das Blended Coaching Konzept für iFnk eingeordnet. Medienkompetenz gilt auch in diesem Konzept als Erfolgsindikator. Berücksichtigt werden müssen z.B. Bildungshintergrund, Generation, Medieninteresse und -erfahrungen sowie Lerngewohnheiten beteiligter Personen (Herber et al., 2013, S. 3).

„Bei kritischer Betrachtung des Bildungsangebots ist jedoch festzustellen, dass die Möglichkeiten des E-Learning bzw. des Blended Learning die Weiterbildungspraxis bis heute noch nicht flächendeckend erreicht hat" (Herber et al., 2013, S. 2). An dieser Stelle soll das Konzept im nächsten Kapitel anknüpfen und einen Beitrag dazu leisten, die Etablierung zu fördern. Dem Ergebnis einer Trendstudie zufolge kann das Blended Learning dadurch untermauert werden, dass 99 Prozent der befragten Experten diesem Trend die höchste Bedeutung zusprechen (A-12).

In ausschließlich elektronischen Lehr-Lernarrangements entspricht die Beziehungsqualität der beteiligten Personen nicht der eines Präsenzarrangements (Herber et al., 2013, S. 2). Daraus folgt unter anderem die Entwicklung eines Hybridkonzepts. In solchen Konzepten kommt es erstens darauf an, wie sich das Verhältnis von elektronischen und Präsenzphasen gestaltet und zweitens, welche dieser Phasen elektronisch und welche traditionell durchgeführt werden. Bspw. wäre die Integration eines Rollenspiels in einer elektronischen bzw. Onlinephase aufgrund der direkten Interaktion und Inanspruchnahme mehrerer Sinnesmodalitäten eher ungeeignet. Wohingegen ein Vortrag durchaus als Live-Aufzeichnung oder Livestream realisierbar ist.

Im Rahmen der Integration von E-Learning in die Hochschule differenzierten Bachmann und Dittler (2004, S. 48–49) Lehr-Lernkonzepte anhand des Virtualisierungsgrades; zwischen dem Anreicherungs- (digitale Medien in Präsenzveranstaltungen) und dem Integrationskonzept (teilvirtuelle miteinander verzahnte Veranstaltungen) sowie dem Konzept virtueller Lehre (fast ausschließlich virtuell). Anzumerken ist, dass die Übergänge keine Trennschärfe aufweisen (Rinn & Bett, 2006, S. 12), insbesondere zwischen dem Anreicherungs- und dem Integrationskonzept.

In jüngster Zeit klassifizierten Staker und Horn (2012) Blended Learning Modelle. Das Blended Coaching Konzept wird dabei an das sogenannte *Enriched-Virtual model* angelehnt, bei dem die Lernenden hauptsächlich die elektronische Lehr-Lernform an einem Ort ihrer Wahl wahrnehmen. Ergänzend besteht in der Bildungsinstitution (z.B. Schule) teilweise die Option des Präsenzlehrens und -lernens. Die Bildungsinstitution stellt Computer und kompetentes Lehrpersonal bereit (Abb-9).

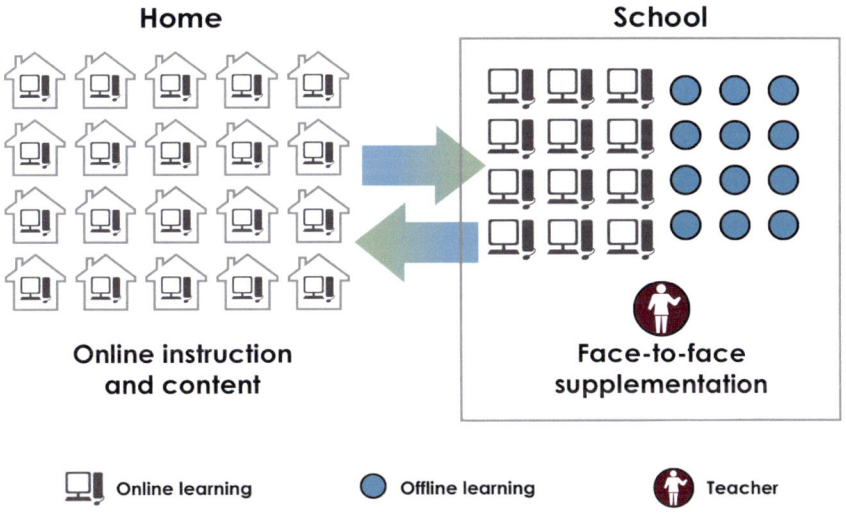

**Abb-9: Enriched-Virtual model, Albuquerque eCADEMY (Quelle: Staker & Horn, 2012, S. 15).**

Blended Learning lässt sich dabei auch als dritte Stufe im arbeitsplatznahen Lernen einordnen (Abb-10, S. 36). Aus der Verknüpfung der Stufen *Classroomtraining* und *E-Learning* geht das *Blended Learning* hervor. *Social Learning* geht einen Schritt weiter, stellt die soziale Komponente in den Mittelpunkt und impliziert unter anderem Weblogs und virtuelle Klassenräume. *Collaborative Learning* gilt als die höchste Stufe, auf der Arbeitsprozesswissen zur Kompetenzentwicklung integriert wird und soziale Medien eine wichtige Rolle einnehmen. Die Entwicklung hin zum *Workplace Learning* verspricht nur dann Erfolg, wenn sich alle Beteiligten dauerhaft für den bevorstehenden lang anhaltenden Veränderungsprozess öffnen (Erpenbeck & Sauter, 2013, S. 70–72). Abgesehen von der Schwerpunktverlagerung zum informellen Lernen ist die Zunahme der Selbststeuerung auffallend. Diese ist auch entscheidend für die iFnk. Sie besitzen in Problemsituationen die Möglichkeit während des gesamten E-Coachings auf die Lehrenden bzw. Coaches zuzugehen. Häufig sind sie jedoch auf sich alleine gestellt und lernen kooperativ oder kollaborativ mit anderen Coachees.

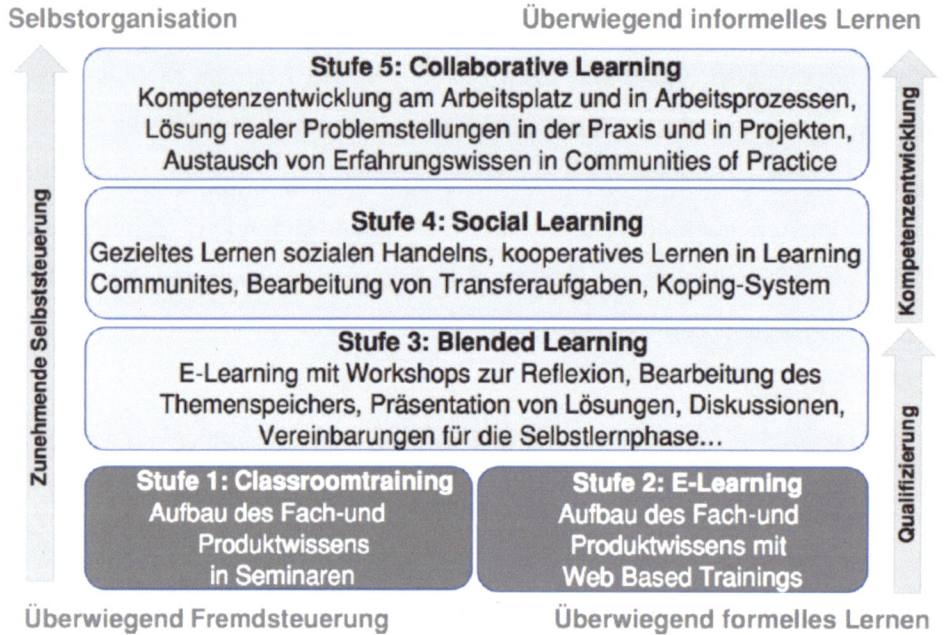

**Abb-10: Die Stufen des Workplace Learning nach Hart (Quelle: Erpenbeck & Sauter, 2013, S. 71).**

An dieser Stelle wird womöglich erwartet, dass das Blended Coaching Konzept in einer der dargestellten Stufen verortet wird. Aufgrund der besonderen Eigenschaften von Coaching, d.h. vor allem aufgrund der offenen Gestaltung und der starken Lerner- bzw. Coacheezentrierung ist diese Verortung schwierig. Die Anlegung des Konzepts beinhaltet die *Stufen 3 bis 5*. Blended Learning gilt als Basis und tritt auch beim Coaching Konzept zutage (z.B. Grundlagenwissen beim Kick-off, S. 37). Rollenspiele sind wichtiger Bestandteil des Coachings und auf *Stufe 4* angesiedelt. Außerdem handelt es sich um reale und realitätsnahe Problemstellungen, die auch gemeinsam gelöst werden (Stufe 5). Dementsprechend wird in der weiteren Ausarbeitung und zur Vermeidung möglicher Begriffskonfusion ausschließlich von Blended Learning bzw. Coaching gesprochen, ohne dass eine weitere Zuordnung dieser Stufen berücksichtigt wird.

Nachfolgend ist ein Blended Learning Prozess exemplarisch dargestellt (Abb-11, S. 37). Er beginnt mit einer Auftaktveranstaltung (Kick-off), wird daraufhin von selbstgesteuerten Lernphasen dominiert und schließt mit einem Workshop ab. Begleiten sollten diesen Prozess Verbindlichkeit (z.B. die Verabredung zu Meilensteinen im Lernprozess) und flankierende Maßnahmen. Die Entwicklung von Copingstrategien (kommunikative Praxisbewältigung in Gruppen) stellt dabei einen wichtigen Bestandteil dar (Erpenbeck & Sauter, 2013, S. 84–85). Ähnlich wie der unten abgebildete Blended Learning Prozess wird der Blended Coachingprozess aussehen. Für das Blended Coaching Konzept kann hier bereits konstatiert werden, dass die elektronisch-selbstgesteuerte Lern- bzw. Coaching-phase mit einem Überhang aufwartet. Das bedeutet, dass die iFnk imstande sein müssen, selbstgesteuert in Einzelarbeit, im Team und in der Gruppe zu lernen. Sie müssen demnach über eine entsprechende Selbst-, Lern- sowie Medienkompetenz verfügen.

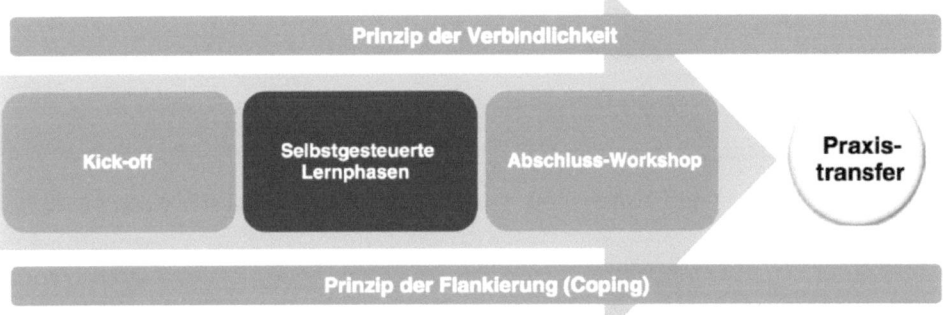

**Abb-11: Blended Learning Prozess (Quelle: Erpenbeck & Sauter, 2013, S. 84).**

## 4.5   Aktuelle Tendenzen im E-Coaching

Medien bedürfen grundsätzlich einer Differenzierung. So kann ein Telefon die Basiskommunikation ermöglichen und eine Avatarwelt die Kommunikation anreichern (s. hierzu Geißler, 2014). Zu den E-Coachingtools hat Geißler (2014) eine zweidimensionale Tabelle erstellt (A-13). Vertikal ordnet er diese hinsichtlich der didaktischen Strukturiertheit und horizontal hinsichtlich der Medienart an. Eingeordnet in die Tabelle wäre eine Avatarwelt ein didaktisch vorstrukturiertes und interaktives (vertikal) sowie dynamisch-visuelles Medium (horizontal).

Die Einsatzmöglichkeiten heutiger IKT sind beinahe grenzenlos. Das gilt auch im Coaching. Im englischsprachigen Raum steigt der Trend, Coaching mithilfe elektronischer Medien durchzuführen. *Face-to-Face* durchgeführte Coachings nehmen dort ab, wohingegen *Distance Coachings* zunehmen. Obwohl weniger markant, lässt sich dies in Analogie auf den deutschen Sprachraum übertragen (Geißler, 2014, S. 141). Die in der Literatur mehrfach zitierte und von Geißler (2012b) seit 2006 betriebene Internetplattform *[v]irtuelles Coaching* (www.virtuelles-coaching.com) hat vermutlich dazu beigetragen, mediale Impulse im deutschsprachigen Coachingsektor auszulösen.

Ungeachtet der Tatsache, dass die Erfindung des Telefons etwa 140 Jahre zurückreicht, hat dieses technische Kommunikationsmedium nicht an Bedeutung verloren und wird im Coaching eingesetzt; bspw. in einem hybrid-konzipierten Weiterbildungsstudiengang für (angehende) Führungskräfte (Asselmeyer & Delkeskamp, 2012). Das Kommunikations-medium Telefon wird hier den elektronischen Medien zugeordnet. Hintergrund ist hierbei auch die Internettelefonie – z.B. via „Skype". Zudem sind webbasierte, textuelle Bera-tungsangebote (Schelleck, 2012) oder internetbasiertes Coaching per E-Mail, Chat oder Forum (Knatz, 2012; Koch, 2012) zu nennen.

Die Fortsetzung und zugleich Anbindung zeigt die Kombination aus Telefoncoaching und 3D-Technologie (Grabow, 2012). Das sich dahinter verbergende Coaching-Werkzeug *LPScocoon®* wurde prämiert (Initiative Mittelstand, 2008) und erlaubt mittels der dreidi-mensionalen Visualisierung und Aufstellung von Symbolsteinen unter anderem die Analy-se von Führungskonstellationen (Grabow, 2012, S. 105). Ferner können im Coaching Ava-tare in einer virtuellen 3D-Welt eingebunden werden (Bredl, Bräutigam & Herz, 2012). Überdies kann eine virtuelle Coachingkonferenz, wie sie seit 2008 am *Karlsruher Institut für Coaching, Personal- und Organisationsentwicklung* angeboten wird (Berninger-Schäfer, 2012), abgehalten werden. Weiterhin bietet sich die Nutzung zahlreicher Applika-tionen (Apps) an, die im Coaching verschiedene Anwendungsmöglichkeiten bereithalten und per Smartphone oder Tablet genutzt werden können (Carstens, 2013).

In einer empirischen Untersuchung mussten Geißler, Kurzmann und Metz (2012) ihre Ein-gangshypothese, dass zwischen Präsenz- und E-Beratung formatspezifische Unterschei-dungsmerkmale existieren, falsifizieren. Die Untersuchung inkludierte drei berufsbezogene Präsenz- und zwei E-Coachings. Diese Untersuchung gilt unumstritten als nicht repräsentativ, liefert jedoch einen wertvollen Anhaltspunkt für das Blended Coaching Konzept: E-Coaching ist dem Präsenzcoaching nicht untergeordnet, sondern stellt eine sinnvolle Alternative dar.

Mit Blick auf die Ergebnisse der Marburger Coaching-Studie kommt gegenüber den oben aufgezeigten Tendenzen eher Ernüchterung auf. So lässt sich zeigen, dass von Seiten der

Coaches und Kunden neue Medien – mit Ausnahme des Telefons – überwiegend selten oder nie eingesetzt werden (Tab-2).

| n=794 (Coachs rot); n=55 (Kunden grün) | sehr oft | | oft | | gelegentlich | | selten | | nie | |
|---|---|---|---|---|---|---|---|---|---|---|
| Telefon-Coaching | 5,4% | 0,0% | 13,5% | 12,7% | 37,7% | 32,7% | 22,9% | 21,8% | 20,5% | 32,7% |
| Webcam Coaching | 1,7% | 0,0% | 3,6% | 7,3% | 15,5% | 10,9% | 16,0% | 14,5% | 63,1% | 67,3% |
| Textbasiertes Coaching (z.B. Email) | 1,7% | 0,0% | 5,2% | 3,6% | 17,6% | 9,1% | 23,3% | 16,4% | 52,2% | 70,9% |
| High Definition Video Coaching | 0,7% | 0,0% | 2,1% | 0,0% | 2,9% | 5,5% | 5,7% | 7,3% | 88,6% | 83,4% |

**Tab-2: Nutzen Coaches Coaching mit neuen Medien? (Quelle: Stephan & Gross, 2013, S. 20).**

Unterstrichen wird diese Erkenntnis bei Betrachtung der hohen Anzahl an Coachings ohne Verwendung neuer Medien (A-14, A-15). Die zweite Tabelle liefert den Befund dafür, dass über die Hälfte der Kunden den Führungsnachwuchs nicht als Zielgruppe für neue Medien einstuft, wenngleich aus Sicht der Coaches diese Angabe eher durchwachsen ist (Tab-3).

| n=794 (Coachs rot); n=55 (Kunden grün) | sehr oft | | oft | | gelegentlich | | selten | | nie | |
|---|---|---|---|---|---|---|---|---|---|---|
| Telefon-Coaching | 5,4% | 0,0% | 13,5% | 12,7% | 37,7% | 32,7% | 22,9% | 21,8% | 20,5% | 32,7% |
| Webcam Coaching | 1,7% | 0,0% | 3,6% | 7,3% | 15,5% | 10,9% | 16,0% | 14,5% | 63,1% | 67,3% |
| Textbasiertes Coaching (z.B. Email) | 1,7% | 0,0% | 5,2% | 3,6% | 17,6% | 9,1% | 23,3% | 16,4% | 52,2% | 70,9% |
| High Definition Video Coaching | 0,7% | 0,0% | 2,1% | 0,0% | 2,9% | 5,5% | 5,7% | 7,3% | 88,6% | 83,4% |

**Tab-3: Zielgruppen für Coaching mit neuen Medien (Quelle: Stephan & Gross, 2013, S. 20).**

Die aktuellen Tendenzen im E-Coaching sind vergleichbar mit den damaligen im E-Learning. Es findet langsam eine systematische Verschränkung von Präsenz- und elektronischen Bestandteilen statt. Im E-Coaching erfolgt die Vorphase (Kap. 4.3) vorrangig *Face-to-Face* (Reindl, Hergenreider & Hünniger, 2012, S. 352–354; Schneider-Ströer, 2011). Proportional zum steigenden Bekanntheitsgrad hat sich die Nachfrage nach Coaching entwickelt. Darauf basierend ist anzunehmen, dass sich die Nachfrage nach E-Coaching in den nächsten Jahren ebenfalls intensiviert (Gross & Stephan, 2012, S. 324–325).

Die konzeptionelle Realisierung hybrider Coachingarrangements kann durchaus als vielversprechend und zukunftsweisend bezeichnet werden. Es kann jedoch keine genaue Aussage getroffen werden, wie sich der Trend im E-Coaching in Zukunft abzeichnen wird. Um sich aktuelle Tendenzen im E-Coaching ausführlicher zu vergegenwärtigen, werden die zitierten Herausgeberwerke von Geißler (2008) wie Geißler und Metz (2012) empfohlen. „Es bleibt festzuhalten, dass E-Coaching das Potenzial hat, sich als Beratungsform auf dem Markt zu etablieren, jedoch heute noch viel Arbeit bleibt, um das Vertrauen der Ratsuchenden zu gewinnen" (Siegrist, 2013, S. 396).

## 4.6 Anforderungen an ein Blended Coaching Konzept

Im Erwachsenen- und Weiterbildungsbereich siedeln sich Lehr-Lernarrangements heute vornehmlich im Blended Learning an. Dabei wird die didaktische Qualität des Öfteren bemängelt, größtenteils in Bezug auf überbewertete Medien- und Selbstlernkompetenz (Herber et al., 2013, S. 4). Daraus geht hervor, dass die Bereitstellung von elektronischen Lehr-Lernsystemen bei Weitem nicht ausreicht (Herber et al., 2013, S. 4), sondern nutzerorientierte (ggf. individuelle) Unterstützungsangebote bereitgestellt werden müssen. Nur wenn ein sicherer Umgang mit dem neuen Lehr-Lernsystem gewährleistet werden kann, verspricht dies eine annähernd problemfreie und erfolgversprechende Nutzung.

Übertragen auf die Anforderungen an das Blended Coaching Konzept sollten die iFnk angemessen berücksichtigt werden. Damit sind deren individuelle Voraussetzungen hinsichtlich ihrer Selbstorganisation (Ziemons, 2012, S. 219), Lern- und Medienkompetenz angesprochen. Selbst-, Lern- und Medienkompetenz sind für das Konzept erfolgskritisch. Den Bedürfnissen der Coachees muss insofern Rechnung getragen werden, als dass unter anderem Benutzerfreundlichkeit und Layout des elektronischen Lehr-Lernsystems sowie inhaltlicher Umfang (Böhler, Lienhardt, Robes, Sauter & Wessendorf, 2013, S. 6) berücksichtigt werden. Weiterhin müssen vorhandenes Hintergrundwissen zu Führung, mediale Sozialisation, zeitliche Ressourcen und Zeitmanagement (Weisweiler, Dirscherl & Braumandl, 2013, S. 13–15) ins Kalkül einbezogen werden. Je genauer die Zielgruppe (iFnk) analysiert wird, desto spezifischer lässt sich ein Konzept entwickeln. Ein Blended Coaching Konzept (wie in Kap. 5) sollte zumindest die wesentlichen erfolgskritischen Aspekte berücksichtigen:

-   klassische Zielgruppenanalyse: Alter, Beruf, Bildungslevel, Motivation, Wohn- und Arbeitsort
-   spezielle Zielgruppenanalyse: Medienkompetenz (die zum Einsatz kommenden Medien müssen mindestens akzeptiert werden, besser wäre es, wenn die Zielgruppe von diesen überzeugt ist), Vorwissen und Erfahrungen, Führungskompetenz
-   Rahmenbedingungen: Budget und Kosten, zeitliche Ressourcen (Vor- und Nachbereitung, etc.), technische Infrastruktur (vorhandene Endgeräte, etc.)
-   Lernorganisation: Vorbereitung (Lernorte, etc.), Verhältnis von Präsenz- und elektronischen Phasen
-   Struktur: roter Faden, Vereinbarung von Zielen, Inhalten und Meilensteinen

- Medien- und Methodeneinsatz: Es muss die Überlegung einer plausiblen Zusammenstellung und einer bestmöglichen Umsetzung von (neuen) Medien und Methoden angestellt werden.

- Evaluation: Auf welche Art und Weise kann der Erfolg des Coachings überprüft werden? Welche Evaluationsinstrumente sind sinnvoll (empirische Überprüfbarkeit)?

## 4.7  Zusammenfassung

In diesem Kapitel wurden die für diese Arbeit relevanten Grundzüge des Coachings aufgezeigt. Coaching, verstanden als Hilfe zur Selbsthilfe, läuft in einem mehrschrittigen Prozess ab und sollte je nach Möglichkeit offen und zielgruppenorientiert gestaltet werden. Das Berliner Modell bildet als Ausgangspunkt ein gutes Planungsmodell, auch bezugnehmend auf die Mediendidaktik. E-Coaching wird in der Wissenschaft immer breiter thematisiert. Die Integration von E-Coaching in die Praxis verläuft langsam. Nach Ziemons (2012) ist der Begriff Internet-Coaching inzwischen häufig anzutreffen. Die Suchanfrage „Internet-Coaching" lieferte bei Google am 11.03.2014 74.000 Ergebnisse. Internetbasierte und evaluierte Coachingansätze wie Blended Coaching Konzepte sind allerdings nicht zu finden. Ausnahme bildete bis dato das von Ziemons entwickelte Blended *Business Coaching* Konzept (2012, S. 218–219). Im Coaching wird der Einsatz elektronischer Medien mit steigender Tendenz diskutiert. Ob Telefon, Forum oder Tablet – Möglichkeiten sind vorhanden. Wenngleich diese noch nicht konsequent empirisch mit repräsentativem Stichprobenumfang untersucht wurden. Für eine stimmige Konzeptentwicklung müssen neben Vorwissen und -erfahrungen der iFnk zum Thema Führung ebenfalls ihre Selbst-, Lern- und Medienkompetenz berücksichtigt werden.

# 5 Hybridkonzept zur Kompetenzentwicklung von internen Führungsnachwuchskräften

Zu Beginn ist es notwendig die Ausgangssituation möglichst präzise zu analysieren, um ein passgenaues Konzept erstellen und einen entsprechenden Lernerfolg erzielen zu können. Die Zielstellung und der Gesamtaufbau des Konzepts werden beschrieben, bevor das am dreischrittigen Vorgehensraster zur Planung, Durchführung und Nachbereitung (Rinn & Bett, 2006, S. 6–9) orientierte Hybridkonzept folgt.

## 5.1 Ausgangssituation: Bedingungen und Voraussetzungen

In der Ausgangssituation werden Rahmenbedingungen sowie Voraussetzungen der Coachees und Coaches erläutert. Es ist anzuraten, frühzeitig erfolgswirksame Kriterien wie zur Verfügung stehendes Budget, zeitliche Ressourcen und technische Infrastruktur zu identifizieren. Die Auswertung dieser Kriterien liefert anschließend hilfreiche Hinweise für die Konzeptentwicklung. Eine Zielgruppenanalyse ist unumgänglich, um das Konzept zielgruppenspezifisch entwickeln zu können. Da die Unternehmen und die iFnk nicht bekannt sind, handelt es sich bei den folgenden Ausführungen um Annahmen zu den Bedingungen und Voraussetzungen.

### 5.1.1 Rahmenbedingungen

Bezugnehmend auf die Kosten kann festgehalten werden, dass mittelständische Unternehmen i.d.R. über weniger finanzielle Ressourcen verfügen als Großunternehmen oder Konzerne. Ausgehend von einer Beschäftigtenzahl zwischen 100 und 400 steht ein begrenztes Budget für die Entwicklung iFnk zur Verfügung. Wie hoch dieses Budget im Mittel ausfällt, bleibt unbekannt. Der durchschnittliche Bruttostundensatz im Coaching betrug 2012 zwischen 182 Euro (Angabe der Coaches, n=635) und 264 Euro (Angabe der Kunden, n=43) (Stephan & Gross, 2013, S. 36). Dieser kann jedoch erheblich variieren (Müller, 2012, S. 49). Trotz des hohen Honorars wird Coaching in kleinen und mittelständischen Unternehmen (KMU) zunehmend nachgefragt (Schreyögg, 2010, S. 166; s. hierzu A-8). Da Wirtschaftsunternehmen eine Gewinnerzielung anstreben, ist das hier verortete *Business Coaching* diesem Ziel automatisch untergeordnet (Böning, 2014, S. 22).

Die zeitlichen Ressourcen sind ein weiterer und mitentscheidender Erfolgsfaktor bei einer solchen Realisierung. Um einen nachhaltigen Lernprozess zu ermöglichen wird angeraten, den iFnk eine angemessene Möglichkeit zur Kompetenzentwicklung einzuräumen. Dies kann auf unterschiedliche Weise geschehen. Folgende Empfehlungen werden dafür an dieser Stelle ausgesprochen: Eine zeitlich befristete Freistellung von der täglichen Arbeit ist sinnvoll (z.B. eine Stunde pro Tag). Die iFnk erkennen das Entgegenkommen des Unternehmens und fühlen sich wertgeschätzt. Falls noch nicht vorhanden, sollte unbedingt die Möglichkeit zur Heimarbeit eingeräumt werden. Insbesondere im E-Coaching ist die Reflexion äußerst wichtig. Hierbei benötigen die iFnk ausreichend Ruhe, die in einem Großraumbüro nicht vorherrscht. Es sollte ihnen daher ermöglicht werden ihr Zuhause oder alternativ einen Ort ihrer Wahl aufzusuchen, um ungestört arbeiten zu können und sich von störenden Einflussfaktoren wie einem grundsätzlichen Lärmpegel (z.B. Radio, Drucker) und spontanen Störungen (z.B. Telefonate, Fragen von Kollegen) fernzuhalten.

Als dritten Punkt sei auf die technische Infrastruktur hingewiesen. Aufgrund der steigenden Technisierung bzw. Digitalisierung sind Büroarbeitsplätze ohne Computer fast vollständig ausgestorben. Daher kann davon ausgegangen werden, dass auch die iFnk über einen Arbeitsplatz mit Computer verfügen. Dieser sollte im Coaching aufgrund der angesprochenen Störfaktoren jedoch nur in absoluten Ausnahmefällen benutzt werden. Daher stellt sich die Frage, ob die iFnk über ein mobiles Endgerät (Note-, Netbook, Tablet, Smartphone) verfügen, das sie im Coaching nutzen können. Weiterhin muss überprüft werden, ob alternativ private Endgeräte zur Verfügung stehen. Um in der elektronischen Coachingphase arbeiten zu können, muss daher sichergestellt werden, dass alle iFnk über funktionsfähige Hard- und Software verfügen.

Während des Coachings benötigen die Coachees einen technischen Support, der im Bedarfsfall zeitnah eingreifen kann. Wenn z.B. der Server nicht abrufbar ist, Dokumente nicht hochgeladen werden können oder Fragen zur Handhabung von Apps auftauchen, dann sollten die Coachees Hilfe in Anspruch nehmen können. Wird die vorgeschaltete Schulung (Kap. 5.4) ausgelagert und nicht (ausschließlich) von den Coaches selbst durchgeführt, besteht häufig die Option beim Anbieter einen Supportservice gegen Aufpreis hinzuzubuchen. Je nachdem, welche Inhalte die Schulung letzten Endes umfasst, wie viele Coachees teilnehmen und welche Voraussetzungen diese mitbringen, können hier insbesondere bei der Präsenzdurchführung hohe Kosten entstehen.

## 5.1.2 Coachees (Zielgruppe)

Die iFnk wurden bereits kurz beleuchtet (Kap 2.1). Einer berechneten Fluktuationsrate zufolge, wechselten sozialversicherungspflichtige Beschäftigte im Jahr 2010 in Deutschland durchschnittlich nach etwa vier Jahren ihren Arbeitgeber (Stettes, 2011, S. 3–4). Auf dieser Basis soll angenommen werden, dass vor Übernahme der Führungsposition eine eineinhalb- bis sechsjährige Betriebszugehörigkeit besteht. Im Regelfall ist unter eineinhalb Jahren nicht mit einem Führungsaufstieg zu rechnen. Genauso wenig ist davon nach sechs Jahren auszugehen, da der Mitarbeiter das mittelständische Unternehmen voraussichtlich verlassen hat.

Das vorliegende Coaching ist branchenunspezifisch. Daher können die iFnk aus verschiedenen Unternehmensbranchen stammen. Es sei erwähnt, dass die Teilnehmer nach Möglichkeit nicht aus demselben Unternehmen kommen sollten. Tritt dieser Fall ein, dann darf zwischen den iFnk keine hierarchische Abhängigkeit bestehen, da dadurch die Öffnung der iFnk in der Gruppe (z.B. bei Problemschilderungen, freien Gedanken) beeinträchtigt wird. Hinsichtlich des Alters kann eine Spannbreite von 26 bis 36 Jahren angepeilt werden. Dies erklärt sich mitunter durch den Bildungshintergrund, einem Minimum an Lebens- und Berufserfahrung sowie der angenommenen Betriebszugehörigkeit.

Bzgl. des Geschlechts kann ein Überhang von männlichen Führungskräften angenommen werden. Dies lässt sich anhand von Studienergebnissen untermauern (Bartscher, Stöckl, Mierzwa & Kindler, 2009, S. 11; Hattendorf, 2013, S. 8; Holst, Busch & Kröger, 2012, S. 17, S. 43), sodass hier davon ausgegangen werden soll, dass rund ein Drittel der iFnk Frauen sind. Mit Blick auf eine andere Studie lässt sich dies generell bestätigen. Allerdings ist bei den Führungskräften im Alter von 30 bis 39 Jahren ein deutlicher Trend in Richtung der weiblichen Führungskräfte und in der Gruppe der 20- bis 29-Jährigen sogar ein Überhang zu vernehmen (Akademie für Führungskräfte der Wirtschaft, 2013, S. 30).

Durch die Höherqualifizierung bzw. die Zunahme der Akademisierung des Managements seit den 1980er Jahren (Faust, 2002, S. 73; Faust et al., 2000, S. 271, S. 306) kann heute hinsichtlich der Qualifikation bei der Mehrheit der iFnk bereits von einem abgeschlossenen Hochschulstudium (Fachhochschule, Universität) ausgegangen werden. In einer Studie verfügten Führungskräfte über 15 Bildungsjahre und zwei Drittel besaßen einen Hochschulabschluss (Holst et al., 2012, S. 38). Im Bereich der betrieblichen Weiterbildung besaßen in der Altersgruppe der 18 bis 64-Jährigen 69 Prozent einen Hochschulabschluss (Behringer, Bilger & Schönfeld, 2013, S. 156). Die Schätzung der Promotionsquote lässt sich anhand statistischer Daten ableiten. Bei Ausklammerung der Medizin kann jedem sechsten Universitätsabsolventen eine Promotion zugeordnet werden (Autorengruppe Bildungsberichterstattung, 2012, S. 136). Ferner beträgt die Promotionsquote basierend auf den Zahlen des *Datenreports 2013* in der Altersgruppe von 25 bis 39 Jahren knapp sechs Prozent (Krüger-Hemmer, 2013, S. 90; eigene Berechnungen einschließlich der Medizin; absolute Promotionszahlen im Verhältnis zu Fach- und Hochschulabschlüssen der Altersgruppen 25 bis 29 und 30 bis 39). Auf dieser Basis soll hier angenommen werden, dass mindestens zwei Drittel der eingekreisten Gruppe einen (Fach-)Hochschulabschluss besitzen, wobei schätzungsweise fünf Prozent promoviert haben. In Anlehnung an die Elite- und Karriereforschung von Hartmann (2001) soll angenommen werden, dass die absolvierten Studiengänge hauptsächlich in den Bereichen Wirtschafts- und Ingenieurwissenschaften angesiedelt sind. Pelz (2013, S. 36) fand heraus, dass Personen mit naturwissenschaftlichem oder technischem Bildungshintergrund im Führungsverhalten schlechter abschneiden als Personen mit kaufmännischem.

Dem kulturellen Hintergrund der iFnk wird keine große Bedeutung beigemessen, obwohl dieser in Anbetracht des gesellschaftlichen Zusammenwachsens durch die Globalisierung nicht zu unterschätzen ist. Folgende Gründe sollen dies bekräftigen: Es handelt sich um mittelständische Unternehmen, die i.d.R. weniger global agieren als Großunternehmen oder Konzerne und sich somit durch ein weniger international aufgestelltes Personalgefüge auszeichnen. Die *Unterrichtssprache* ist Deutsch. D.h. es kann mit ziemlicher Sicherheit davon ausgegangen werden, dass die iFnk auch schon seit Längerem mit der deutschen Kultur vertraut sind. Daher wird hier auf eine detailliertere Analyse des kulturellen Hintergrundes verzichtet.

Je älter eine iFnk ist, desto wahrscheinlicher sind erste Führungserfahrungen. Die iFnk könnten ggf. schon Führungsverantwortung übernommen haben, z.B. während der eigentliche Vorgesetzte mehrere Wochen im Urlaub war. Dies hängt mitunter von der Betriebszugehörigkeit, der Berufserfahrung und der sozialen Kompetenz der iFnk ab. Solche Erfahrungen sind für das Konzept wichtig und sollten vorab erfragt werden. Falls alle iFnk über erste Führungserfahrungen verfügen, ergibt sich daraus eine entsprechende Planung. Da sich das Blended Coaching Konzept an den internen Führungsnachwuchs richtet, wird von keiner bzw. sequenzieller Führungserfahrung (wenige Wochen) ausgegangen. Somit ist auch keine ausgeprägte Führungskompetenz vorhanden, was wiederum eine Kompetenzentwicklung erfordert.

Es wird ferner angenommen, dass den iFnk im Regelfall drei bis zehn Mitarbeitern unterstellt sind. In einer Führungskräftestudie gab die Mehrheit an auf der unteren Führungsebene angesiedelt zu sein (40,2 Prozent) und ebenso gab die Mehrheit an, dass ihnen bis zu zehn Mitarbeiter unterstellt sind (53,8 Prozent) (Bartscher et al., 2009, S. 10). Daraus erschließt sich ein mittelbarer Zusammenhang hinsichtlich der maximalen Anzahl an unterstellten Mitarbeitern auf der ersten Hierarchieebene. Bei weniger als drei Mitarbeitern ist die Bildung einer Abteilung bzw. eines Teams eher ungewöhnlich. Daher werden mindestens drei und höchstens zehn Mitarbeiter angenommen.

Aufgrund der primär elektronischen Anteile müssen unweigerlich die Voraussetzungen im Umgang mit neuen Medien in die Planung einfließen. Aus der zunehmenden gesellschaftlichen Akzeptanz sozialer Software (Erpenbeck & Sauter, 2013, S. VIII) und der weitestgehenden Passung der Zielgruppe mit den *Digital Natives* (ab Jahrgang 1980) können erste Hinweise entnommen werden. Im *Adult Education Survey 2012* wurde bei den 25- bis 34-Jährigen eine Computer- und Internetnutzungsquote von 96 Prozent ermittelt (Bilger, Seidel & Strauß, 2013, S. 313). Somit kann grundsätzlich vom Umgang mit neuen Medien ausgegangen werden. Das Wort Umgang ist jedoch vielschichtig. In Anlehnung an die vier Dimensionen der Medienkompetenz nach Baacke (1996, S. 120) könnte das bspw. Folgendes bedeuten: Eine konstruktive Diskussion über *iPads* in der beruflich-betrieblichen Weiterbildung (Medienkritik), Wissen über *Apple iTunes U* (Medienkunde), ein aktiver *Xing Account* (Mediennutzung) oder das Betreiben eines eigenen Weblogs zum Thema Coaching (Mediengestaltung).

Bei der Zielgruppe kann durchaus eine Aufgeschlossenheit gegenüber dem Coaching (Gross & Stephan, 2012, S. 332) angenommen werden, die sich auch in der diesbezüglich positiven Einstellung widerspiegelt (Stephan & Gross, 2013, S. 26). Es sollten mindestens zehn und allerhöchstens 14 iFnk teilnehmen. Hier wird exemplarisch von 14 iFnk ausgegangen, wobei zehn Männer und vier Frauen teilnehmen. Dies erklärt sich zum einen durch ein zumutbares Betreuungsverhältnis und zum anderen durch die Berücksichtigung mittelständischer Unternehmen. Handelt es sich hier nicht um die klassische und zugleich kostenintensivste Variante, also ausschließlich in Präsenz stattfindendes Einzelcoaching, sollte ein angemessener Betreuungsschlüssel gewährleistet sein (zwei Coaches bei einem maximalen Verhältnis von eins zu sieben). Der Betreuungsschlüssel soll darüber hinaus die finanziellen Ressourcen mittelständischer Unternehmen in Rechnung stellen.

Es wird ausdrücklich darauf hingewiesen, dass die Coachees auf freiwilliger Basis am Coaching teilnehmen sollten (s. hierzu Müller, 2012, S. 41–42). D.h., dass bspw. der direkte Vorgesetzte den Coachingprozess bei der iFnk anregt und diese dazu befragt. Es ist immens wichtig, dass hierzu von Anfang an Transparenz herrscht und die iFnk in den Entscheidungsprozess integriert wird. Idealerweise besitzt der direkte Vorgesetzte praktische (positive) Erfahrungen mit Coaching und wurde selbst schon gecoacht. Das könnte die iFnk bei ihrer Entscheidung unterstützen und dazu beitragen, intrinsisch motiviert und davon überzeugt zu sein – insbesondere wenn die iFnk ihren direkten Vorgesetzten als Vorbild betrachtet.

### 5.1.3 Coaches (Lehrende)

Personen in mittelständischen Unternehmen, die sich im Segment Coaching weniger auskennen, erhalten folglich Anhaltspunkte zur Auswahl geeigneter Coaches. Mögliche Indizien für einen hier infrage kommenden Coach liefert das nachstehende Profil (s. hierzu Winkler et al., 2013, S. 24; A-16):

- Alter: ab ca. 36 Jahren (Coachingausbildungen verlangen häufig ein Mindestalter von 30 Jahren)
- Qualifikationen: Hochschulabschluss (Diplom, Master z.B. in Psychologie), anerkannte und zertifizierte Coachingausbildung, Weiterbildung im Bereich Erwachsenenpädagogik (Didaktik), geprüfter E-Trainer (Mediendidaktik)
- Sonstiges: Referenzen (besonders von KMU), einschlägige Publikationen (z.B. in Fachzeitschriften), Mitglied im DBVC oder einem anderen anerkannten Verband
- Erfahrungen: nachgewiesene mehrjährige Berufserfahrung als Mitarbeiter, Führungskraft und (Führungskräfte-)Coach (unter Berücksichtigung des E-Coachings).

Coaches sollten idealtypisch über umfangreiche Lebens- und Berufserfahrungen verfügen. Dies lässt sich auf die Akzeptanz der Coaches seitens der Coachees als auch auf Einschätzungen der Coaches in Bezug auf Probleme, Herausforderungen und Risiken in der Praxis zurückführen. Dennoch entscheidet unabhängig von vorliegenden akademischen Titeln und vorzuweisenden Erfahrungen letzten Endes das Bauchgefühl darüber, wer der richtige Coach ist. Großunternehmen verfügen oftmals über sogenannte Coachingpools. KMU haben hingegen einen diskontinuierlichen Bedarf, sodass mehrere KMU miteinander kooperieren und einen kollektiven Coachingpool unterhalten (Stephan & Gross, 2013, S. 30).

Gerade mittelständische Unternehmen verfügen nicht über die finanziellen Ressourcen ein probeartiges Projekt ins Leben zu rufen. Ergo sollte bei der Auswahl geeigneter Coaches ausreichend Zeit einkalkuliert werden. Da unter dem Deckmantel Coaching auch unseriöse

Anbieter auf dem Markt zu finden sind und die Berufsbezeichnung Coach rechtlich unge-schützt ist, lässt sich ein seriöser Anbieter nicht auf Anhieb erkennen (Pinnow, 2012, S. 284). Bedauernswerterweise ist deshalb auch Scharlatanerie (Kühl, 2008, S. 111–134; Vogelauer, 2013, S. 315) verbreitet. Lippmann (2013b, S. 458–459) hat einen hilfreichen Leitfaden für das Erstgespräch erstellt und empfiehlt mindestens zwei Coaches anzuschauen.

Da Coaching typischerweise nicht die einzige Einnahmequelle der Coaches ist (Winkler et al., 2013, S. 24), gehen sie ergo weiteren Tätigkeiten nach. Dennoch ist eine bestmögliche Betreuung sicherzustellen, sodass im E-Coaching kurze Antwortzeiten und flexible Ter-minabsprachen möglich sind. Dementsprechend empfiehlt es sich zwei Coaches einzuset-zen, ggf. eine Frau und einen Mann (s. hierzu Müller, 2012, S. 45–46). Die beiden Coaches sollten sich bereits kennen und idealerweise schon einmal erfolgreich im Team zusam-mengearbeitet haben. Kooperationserfahrungen erleichtern das Coaching.

## 5.2  Zielstellung

Das Leitziel, die Entwicklung der Führungskompetenz, lässt sich abstrakt anhand des fol-genden visionären Zitats beschreiben, das in der Führungsliteratur häufiger anzutreffen ist und Antoine de Saint-Exupéry zugesprochen wird:

> *„Wenn du ein Schiff bauen willst, so trommle nicht Männer zusammen, um Holz zu beschaffen, Werkzeuge vorzubereiten, Aufgaben zu vergeben und die Arbeit einzutei-len, sondern lehre die Männer die Sehnsucht nach dem weiten endlosen Meer"* (zit. n. Aron-Weidlich, 2012, S. 27).

Die iFnk sollten also imstande sein, dieses Symbol als Sinngebung und Vision zu interpre-tieren und es auf ihre unterstellten Mitarbeiter zu übertragen. Mithilfe von Coaching sollen die iFnk bestmöglich auf ihre neue Führungsrolle vorbereitet werden. Im Idealfall sollten sie nach Abschluss des Blended Coaching Konzepts ihre Abteilung erfolgreich (transfor-mational) führen können (Lernergebnis). Der Führungserfolg soll durch die transformatio-nalen Führungskompetenzen (Kap. 3) herbeigeführt werden, so die Annahme. Damit sind einige Richtziele verbunden, die mit den transformationalen Führungskompetenzen kor-respondieren und sich an folgenden Fragen orientieren:

- Was zeichnet vorbildhaftes Verhalten aus und wie nehmen Mitarbeiter Führungs-handeln wahr?

- Wie können Ziele und Perspektiven helfen Leistungsbereitschaft bei den Mitarbei-tern zu bewirken?

- Was wird unter Lernfähigkeit und Unterstützung verstanden und wie können diese gefördert werden?
- Was bedeutet es, fair zu kommunizieren?
- Wie kann Ergebnisorientierung zur Selbstdisziplin der Mitarbeiter beitragen?
- Wie kann eine unternehmerische Haltung bei den Mitarbeitern erzeugt werden?

## 5.3 Gesamtaufbau des Blended Coaching Konzepts

Die nachfolgende Grafik (Abb-12) visualisiert den Gesamtaufbau des Konzepts, welches bzgl. der Anordnung von Präsenz- und E-Coaching an das *Enriched-Virtual model* und den Blended Learning Prozess angelehnt ist (Kap. 4.4). Wäre der abgebildete Pfeil in ein Koordinatensystem eingezeichnet, dann stellte die Abszisse (x-Achse) den Zeitverlauf und die Ordinate (y-Achse) die Kompetenzentwicklung dar. In Anlehnung an Kauffeld (2010, S. 75–76) lässt sich das Blended Coaching Konzept dem sogenannten *training-into-the-next-job* zuordnen.

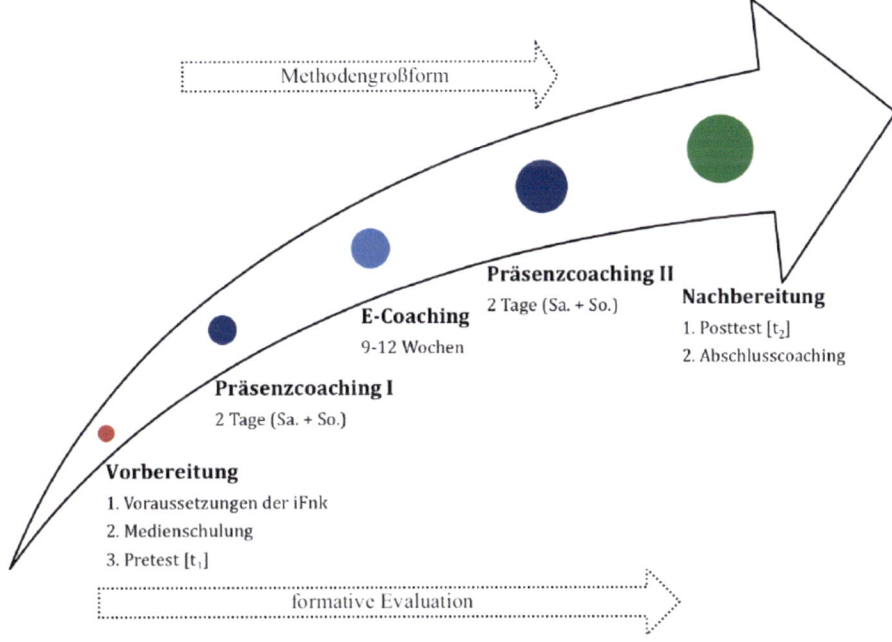

**Abb-12: Gesamtaufbau – Kompetenzentwicklung im Zeitverlauf des Blended Coaching Konzepts (Quelle: eigene Darstellung).**

Das Blended Coaching Konzept startet mindestens vier Wochen vor Beginn mit einer Vorbereitungsphase, die die Erhebung der Voraussetzungen der iFnk, einen Pretest sowie eine Medienschulung impliziert. Nach Absprache erfolgt ein erster zweitägiger Präsenztermin.

Im Anschluss daran erstreckt sich die überwiegend selbstgesteuerte elektronische Reflexions- und Lernphase über neun bis zwölf Wochen. Die Dauer wird als angemessen erachtet, da das Coaching so angelegt ist, dass Reflexions- und Lernprozesse der iFnk genauso berücksichtigt werden wie eine flexible Zeiteinteilung und der Lerntransfer. Es sei erwähnt, dass E-Coaching den großen Vorteil einer Kostenersparnis bietet, was sich bspw. auf ausbleibende Übernachtungs- und Fahrtkosten, die Raummiete und die Zeitersparnis zurückführen lässt (Grabow, 2012, S. 118; Gross & Stephan, 2012, S. 335). Eine Gegenüberstellung der Kosten im Zuge des Einsatzes von *[v]irtuellem Transfercoaching* findet sich bei Kauschke (2012, S. 171). Danach findet erneut ein zweitägiger Präsenztermin statt. Die Nachbereitung umfasst einen Posttest sowie ein nach sechs Monaten stattfindendes Abschlusscoaching.

Da das Blended Coaching Konzept bzgl. der Planung an das modifizierte Berliner Modell angelehnt ist (Kap. 4.4), werden die interdependenten Konstanten Ziele, Inhalte, Methoden, Medien und die Lernorganisation ins Konzept aufgenommen. Aufgrund der besagten Wechselwirkungen kann eine inhaltliche Trennschärfe nicht ungebrochen gewährleistet werden, sodass einige Textpassagen Konstanten miteinander verzahnen.

## 5.4 Vorbereitungsphase

In der ersten Phase geht es in erster Linie um die Bestandsaufnahme. Der Ist-Zustand der iFnk sollte abgefragt werden, damit an den richtigen Stellen angeknüpft werden kann. Hier bietet sich ein zielgruppenspezifischer Online-Fragebogen an (z.B. mit dem Tool „EvaSys Corporate"), der mindestens vier Wochen vor Beginn der Durchführung an die iFnk versendet wird. Aufgrund des Umfangs, der Flexibilität und der Abwendung eines spürbaren Zeitdrucks wird für das Ausfüllen des Fragebogens ein Zeitfenster von ca. sechs Tagen vorgesehen. Der Fragebogen sollte allgemeine und spezifische Angaben beinhalten und darüber hinaus jederzeit speicherbar sein (z.B. in Form eines editierbaren PDF-Dokuments). So können die iFnk mehrfach daran arbeiten bevor sie den Fragebogen digital übermitteln. Mögliche und als sinnvoll erachtete Angaben könnten an dieser Stelle folgende sein:

- Alter, Geschlecht, Wohnort, Qualifikation, Eintrittsdatum ins Unternehmen
- knappe Unternehmensbeschreibung (Größe, Branche, Unternehmenserfolg, etc.)
- Unternehmenskultur (Lern- und Feedbackkultur, Werte und Normen, etc.)
- aktuelle Abteilungsbeschreibung (Mitarbeiteranzahl, Aufgaben, Teamarbeit, etc.)

- aktuelle Positionsbeschreibung (Verantwortungsbereich, Projektarbeit, etc.)
- zukünftige Beschreibung der Führungsposition (unterstellte Mitarbeiter, Dienstreisen, ggf. weitere Abteilungsbeschreibung bei Abteilungswechsel, etc.)
- persönliche Erwartungen an die neue Führungsrolle
- derzeitiger Motivationsstand (intrinsisch, extrinsisch)
- Selbstbild (z.B. Nennung von drei herausragenden Charaktereigenschaften)
- Fremdbild (wie würden Freunde, Kollegen und ihr Vorgesetzter sie beschreiben?)
- Einschätzung zu persönlichem Zeit- und Selbstmanagement
- Einschätzung des eigenen Lernverhaltens (Selbststeuerung)
- bisherige Führungserfahrungen (z.B. in Tagen, Wochen)
- einschlägiges Wissen zum Thema Führung
- Umgang mit und Nutzungsverhalten von Computern allgemein
- Umgang mit und Nutzungsverhalten von Internet, Social Media und Web 2.0
- Besitz und Nutzungsverhalten von Smartphone, Tablet, Net-/ Notebook
- Kenntnisse von Coaching und ggf. diesbezügliche Erfahrungen
- Erwartungen an das Coaching (Zielformulierung)
- bestehende oder zukünftig mögliche Probleme, Herausforderungen, Risiken
- Terminabsprache bzgl. der Medienschulung und der Präsenztermine (z.B. mittels der Webanwendung „doodle")
- verfügbare Lernzeit pro Woche (Schätzung in Stunden).

Die Auflistung erhebt keinen Anspruch auf Vollständigkeit. Sie beinhaltet allgemeine Angaben zur Person (z.B. Wohnort), Angaben zum Unternehmen (z.B. Unternehmenskultur), zur jetzigen und zukünftigen Abteilung (z.B. Mitarbeiteranzahl), zur aktuellen und zukünftigen Position (z.B. Verantwortungsbereich), zur Medienkompetenz (z.B. Umgang mit einem Tablet) und zur Lernzeit. Diese Angaben müssen operationalisiert werden. Teilweise könnte eine fünf- oder sechsstufige Likert-Skala hilfreich sein. Qualitativ ausgerichtete, d.h. offen formulierte Items sollten aufgrund ihrer inhaltlichen Tiefe jedoch nicht fehlen. Alle Angaben dienen den Coaches dazu, die Coachees und ihr Umfeld besser einzuschätzen und in der Durchführungsphase unmittelbar an den konkreten Angaben der iFnk anzuknüpfen.

Der hier angegebene mindestens vierwöchige Vorlauf sollte aus vier Gründen nachvollziehbar sein: (1) damit die Coachees genügend Zeit haben den Fragebogen gewissenhaft auszufüllen; (2) damit die Coaches das gesamte Programm planen und organisieren können (einschließlich des Reservierungsvorlaufs eines Tagungshotels und entsprechender Lernräume); (3) aufgrund der vorgeschalteten Schulung zum Umgang, Sinngehalt und Nutzen mit den zum Einsatz kommenden neuen Medien (Learning Management System (LMS), E-Kompetenzportfolio, etc.); (4) damit die iFnk genügend Zeit haben die angesprochenen und ggf. zur Verfügung gestellten neuen Medien vor Beginn des Coachings auszuprobieren (Übungszeit). Je nachdem wie die Ergebnisse des Fragebogens ausfallen und um welche Gruppengröße der Coachees es sich handelt, ist bei der Medienschulung eine Niveaueinstufung in drei Strängen denkbar (z.B. Novize, Fortgeschrittener, Experte).

Es kann nicht genug betont werden, wie hoch der Stellenwert von Medienkompetenz an dieser Stelle ist. Kategorisiert Baacke (1996, S. 120) Medienkompetenz in Medienkritik, -kunde, -nutzung und -gestaltung, kommt im vorliegenden Konzept der Mediennutzung die größte Bedeutung zu. Die Coachees müssen die eingesetzten Werkzeuge problemfrei bedienen können. In der vorgeschalteten Schulung sollten jedoch alle Dimensionen behandelt werden, vordergründig Medienkunde und -nutzung. Bestandteil sollten auch die computer-vermittelte Kommunikation (cvK) und deren Besonderheiten (Ebner et al., 2013; Reindl et al., 2012, S. 340–343; Siegrist, 2013, S. 396–399) sein. Durch cvK erfahren die iFnk die Ausblendung einiger Sinnesmodalitäten. Dies beginnt bspw. bei der Begrüßung. Wo dazu in Deutschland und anderen Ländern der klassische rechte Handschlag dient, so ist dieser bei cvK nicht möglich und erfordert eine andere Begrüßungsform. In ähnlicher Weise verhält es sich bei der Unterdrückung nonverbaler Kommunikation. So kann nicht erkannt werden, ob der Kommunikationspartner bei der Beantwortung einer E-Mail oder einem Foreneintrag den Kopf schüttelt. Die (Internet-)Telefonie als synchrone Kommunikationsform geht hier einen Schritt weiter. Bei der Beschränkung auf auditive Kommunikation kommen paraverbale Kommunikationssignale (z.B. Sprechtempo) zum Vorschein. Bei der Videotelefonie (z.B. via „Skype") handelt es sich um den Träger der meisten Kommunikationssignale. D.h. hier werden Kopfschütteln, Sprechtempo, Resonanzraum und andere Signale übertragen. Im Coaching allerdings ist gerade die Bildübertragung nicht immer sinnhaltig. Wenn mehrere Sinnesmodalitäten angesprochen werden, kann dies unter Umständen eine Ablenkung und somit Konzentrationsschwächung in Lern- und Reflexionsprozessen hervorrufen, da nicht nur die Coachees darauf achten wie sie sich vor der Kamera verhalten, sondern auch der Coach. Da zwischen Coach und Coachee eine professionelle berufliche Beziehung besteht, würde der Coachee bei einem Einzelcoaching per Videotelefonie zu Hause voraussichtlich keinen Jogginganzug tragen, sondern einen seriösen Kleidungsstil wählen. Dies wirkt nicht vorteilhaft, sondern hinderlich. In einer Untersuchung konnte diesbezüglich festgestellt werden, dass eine eingeschaltete Webkamera freies Assoziieren beeinträchtigt und der Gesichtsausdruck des Coaches auf die Erläuterungen der Coachees Einfluss nimmt (Ziemons, 2012, S. 223–224). Dem Coachee sollte daher eine maximale Komfortzone für das Coaching eingeräumt werden. Solche Aspekte sind durchaus als Bestandteile der Medienschulung geeignet.

Wenn die iFnk den medialen Umgang als Hindernis betrachten (Lernwiderstände), dann ist die gesamte Durchführung von Anfang problembehaftet. Daher nehmen Akzeptanz und Motivation einen hohen Stellenwert ein und können gleichermaßen als Sollbruchstelle gekennzeichnet werden. Die Coachees müssen (die hier eingesetzten) neuen Medien mindestens akzeptieren oder besser noch von ihnen überzeugt sein. Des Weiteren müssen die Coachees über eine ausreichende Motivation verfügen, um dauerhaft am Coaching teilhaben zu können und um schließlich einen Mehrwert zu erzielen (erfolgreiches Führungshandeln). Die Bedeutsamkeit von Akzeptanz und Motivation konnte in elektronischen Lernumgebungen mehrfach nachgewiesen werden (Bürg, Kronburger & Mandl, 2004; Bürg & Mandl, 2004; Bürg, Rösch & Mandl, 2005; Lenz, 2009; Nistor, Schnurer & Mandl, 2005).

In Verbindung mit Motivation und Akzeptanz ist die Lernkompetenz zu nennen. Besonders beim E-Coaching sind die Coachees häufig auf sich alleine gestellt. Auch im vorliegenden Konzept beruht der Hauptteil auf elektronischen Elementen. Daher kommt dem selbstgesteuerten Lernen (Dietrich, 2001) und dessen Förderung (Faulstich, 2001) eine erhebliche Bedeutung zu. Empfehlenswert ist demnach auch die Integration der Lernkompetenzen in die vorgelagerte Schulung. Die etablierten Lernkulturen in den jeweiligen Unternehmen sowie die Lernbiografien und -gewohnheiten der iFnk sollten in die (Planung der) Medienschulung einfließen. Die iFnk erfahren während des E-Coachings einen gewaltigen Autonomiezuwachs. Zufolge der Selbstbestimmungstheorie von Deci und Ryan (1993) fördern Autonomie und Interesse am Lerngegenstand den Lernerfolg (S. 230–233). Das Interesse sollte durch die Herausforderung in der erstmaligen Übernahme einer Führungsposition gegeben sein. Die iFnk sollten demnach intrinsisch motiviert sein und Selbstlernkompetenzen mitbringen.

Die Medienschulung kann je nach Wohnort und vorhandener Medienkompetenz der Coachees in Präsenzform oder alternativ online durchgeführt werden. Dies bedarf einer individuellen Absprache mit den Coachees. Aufgrund der erwähnten Kosten (Kap. 5.1.1) eignet sich hier ein virtuelles Klassenzimmer (Webinar; z.B. mit „Adobe Connect"), bei dem die Coachees die Gelegenheit erhalten Fragen zu stellen und die ausgewählten Medien parallel auszuprobieren. Die Terminabsprache muss unbedingt beschränkt werden. Dies gilt insbesondere für die Präsenztermine. Bei zehn bis 14 iFnk ist es ausgeschlossen, den individuellen Terminwünschen nachzukommen und zugleich einen gemeinsamen Nenner zu finden. Folgendes kann hier festgehalten werden: je länger die Vorlaufzeit, desto flexibler die Terminabsprache. Im Anschluss an die Medienschulung sollte den iFnk ein kommentierter Leitfaden in Form eines PDF-Dokuments oder ergänzend *Tutorials* zur Bedienung der vorgestellten Lernmedien und Werkzeuge bereitgestellt werden. Dies unterstützt einerseits die iFnk und entlastet andererseits den Support.

Nachdem der erste Fragebogen und die Medienschulung abgeschlossen wurden, ist es an der Zeit, kurz vor dem ersten Präsenztag einen Pretest durchzuführen. Damit die iFnk flexibel agieren können, wird für das Ausfüllen eine Zeitspanne von drei Tagen als plausibel erachtet. D.h. die iFnk erhalten vier Tage vor Präsenzbeginn einen Fragebogen-Link (www.fuehrungskompetenzen.com) zugeschickt und sollen diesen ausfüllen. Die Coaches haben dann einen Tag Zeit diesen auszuwerten. Dieser Link dient der subjektiven Erfassung transformationaler Führungskompetenzen und baut auf den *Multifactor Leadership Questionnaire* (Avolio & Bass, 1995) auf. Die iFnk werden gebeten sich in die Lage zu versetzen bereits Führungskraft zu sein und aus der Mitarbeiterperspektive ihr zukünftiges Führungsverhalten einzuschätzen. Die Ergebnisse werden anschließend in ein entsprechendes Kalkulationsprogramm exportiert (z.B. Microsoft Excel).

*Hinweise zu den beiden Präsenzterminen*

Für die Präsenzveranstaltungen müssen gewisse Faktoren Berücksichtigung finden. Da in diesem fiktiven Szenario nichts über die Arbeits- bzw. Wohnorte der iFnk bekannt ist, kann lediglich der Verweis auf regionale Coachingangebote gegeben werden. Bei geringer Nachfrage ist es je nach Zusammensetzung der Teilnehmer denkbar die beiden Präsenzveranstaltungen entweder im Norden, Süden, Westen oder Osten Deutschlands anzubieten. Alternativ kann bei größerer Nachfrage das Angebot auf die 16 Bundesländer ausgedehnt werden, um die Anfahrt für Coaches und besonders Coachees möglichst kurz zu halten (geringere Reisekosten, mehr Frei- bzw. Arbeitszeit).

Die Durchführung der Präsenzveranstaltungen sollte jeweils an zwei Wochenenden stattfinden. Dies rührt daher, dass die iFnk unter der Woche berufstätig sind. Deshalb sollten die Veranstaltungen samstags und sonntags durchgeführt werden. Inklusive Pausenzeiten sollte die Dauer an beiden Tagen zehn Stunden keinesfalls überschreiten, um über den gesamten Zeitraum konzentriert und intensiv arbeiten und lernen zu können.

Der Ort, an dem die Präsenzphasen stattfinden (Präsenzcoaching I und II), sollte nicht inmitten einer Großstadt, sondern in der Nähe der Natur sein. Da Lern- und Reflexionsprozesse das Coaching dominieren, sollte darauf geachtet werden, dass diese nicht nur entfaltet, sondern auch gefördert werden. Eine ruhige lernförderliche Atmosphäre, in der die Coachees ungestört das Coaching auf sich wirken lassen können ohne den alltäglichen (störenden) Einflussfaktoren zu unterliegen, bietet sich daher an. Zur Orientierung finden sich im Internet hilfreiche Webseiten, die geeignete Hotels für die Präsenzphasen beinhalten (z.B. www.exzellente-tagungshotels.de; www.top250tagungshotels.de). Dabei sollte darauf geachtet werden, dass eine unmittelbare Nähe zur Natur vorhanden ist. Dies soll dazu beitragen, die Lernprozesse der iFnk zu intensivieren und gleichwohl Raum für mögliche praktische Übungen geben. Da sich die iFnk im Coaching öffnen müssen, ist es hilfreich diesen innerlichen Öffnungsprozess durch entsprechende Rahmenbedingungen zu unterstützen. Als Jahreszeit für die Präsenztermine ist der Frühling ideal, da hier die Natur erwacht und langsam aufblüht. Dies lässt sich in Analogie auf die iFnk übertragen. D.h. diese haben wie alle Menschen einen eher starren und kalten Winter hinter sich gelassen und sehnen sich nunmehr nach Aktivität. Und diese Aktivität kommt den iFnk in ihrer neuen Rolle zugute. Dasselbe Tagungshotel sollte auch beim zweiten Präsenztermin genutzt werden, unter anderem aufgrund der Einfachheit und der bereits bekannten (Lern-) Umgebung.

## 5.5 Durchführungsphase

Die dreigeteilte Durchführungsphase wird in *Abb-13* veranschaulicht. Hierbei ist es wichtig zu begreifen, dass die ausgewählten Angaben als ausgestaltbar zu betrachten sind und konzeptionelle Empfehlungen darstellen. D.h. die Durchführungsphase enthält Hinweise, Ideen und Möglichkeiten und soll Denkanstöße für Theorie und Praxis liefern.

**Abb-13: Dreigeteilte Durchführung des Coachings (Quelle: eigene Darstellung).**

Hoch- und Berufsschulen sowie Weiterbildungseinrichtungen steht mittlerweile ein umfangreiches Methodenrepertoire zur Verfügung, welches häufig nicht in Anspruch genommen wird. Die klassische Methode des Frontalunterrichts findet auch heute trotz der propagierten Handlungsorientierung ihren festen Platz im *Methodenkoffer* der Lehrenden. Im Blended Coaching Konzept sollen die Vorzüge der (ganzheitlichen) Handlungsorientierung (z.B. hinsichtlich Problemlösefähigkeit, Aktivitäts- und Reflexionsgrad, Selbstwirksamkeit) ausgespielt werden. Sinnstiftend ist es, eine ausgewählte Methodengroßform (Euler & Hahn, 2007, S. 295–296) über das gesamte Coaching, d.h. den Lernprozess, zu strecken und diese als Richtschnur zu nutzen. Eine Zusammenschau klassischer als auch handlungsorientierter Methoden findet sich z.B. bei Bonz (2006) und Arnold (2006). Da die iFnk durch das Konzept eine Handlungsorientierung im Führungsalltag erhalten sollen (Klutmann, 2013, S. 215), empfiehlt es sich primär auch handlungsorientierte Methoden einzusetzen wie Simulationsspiele oder Fallstudien.

In einer offenen Fallstudie (Euler & Hahn, 2007, S. 308–309) kann bspw. ein mittelständisches Unternehmen in Deutschland mit etwa 350 Mitarbeitern herangezogen werden. Dabei können die Coaches auf konkrete Unternehmen zurückgreifen, bei denen sie als Coach in der Vergangenheit tätig waren, ein an der Realität orientiertes fiktives Unternehmen ins Auge fassen oder alternativ eine Mischform heranziehen (z.B. reales Unternehmen mit modifizierten Problemstellungen). Die einzelnen Coachees nehmen in verschiedenen Abteilungen unterschiedliche Führungsrollen ein und werden mit facettenreichen Problemen konfrontiert, die sie identifizieren und lösen müssen. In dieser Methodengroßform sind Methodengrundformen (Euler & Hahn, 2007, S. 297–298) eingebettet, die in den folgenden Unterkapiteln besprochen werden.

Das grundlegende Prinzip des Konzepts besteht im selbstgesteuerten und dialogischen Lernen im Coaching in Verbindung mit der Praxis. Obwohl sich die iFnk in einer Übergangsphase befinden (Kap. 2.1), können diese bei der täglichen Arbeit und in der privaten Umgebung ganzheitlich lernen und diese Erfahrungen wieder ins Blended Coaching aufnehmen. Dabei profitieren alle iFnk vom Erfahrungsaustausch. Infolgedessen werden die transformationalen Führungskompetenzen reflexiv und handlungsorientiert in Einzel-, Gruppen- und Selbstcoaching erarbeitet. Im Blended Coaching Konzept werden traditionelle und moderne Medien zur grundlegenden Kommunikation in der Coachinggruppe und zur kommunikativen Unterstützung genutzt.

*Aufzeichnung und interne Veröffentlichung*

An dieser Stelle sei auf die Aufzeichnung und Veröffentlichung während des gesamten Coachings hingewiesen. Diese sind in erster Linie bei den Präsenzterminen, aber auch im E-Coaching von Bedeutung. Das aufgezeichnete Material dient einerseits den Coaches und andererseits den Coachees (Feedbackinstrument). So erhalten die Coaches kontinuierlich hilfreiche Informationen, aus denen sie bspw. systematische Fragestellungen ableiten können. Dies setzt entweder voraus, dass sich die Coaches Notizen machen oder alternativ bei Vorliegen schriftlicher Einverständniserklärungen bzgl. des Datenschutzes (sensible Daten) eine auditive oder audiovisuelle Aufzeichnung vornehmen. Die audiovisuelle Variante bietet den Vorteil der späteren Analyse, wie bspw. mit dem von Schneider und Kauffeld (2011) entwickelten Instrument *act4strategies*. Es sollte betont werden, dass sich die iFnk während des gesamten Coachings in einem geschützten Raum befinden und Diskretion gewahrt wird.

Da der Wohlfühlfaktor ein wesentliches Merkmal im Coaching darstellt, muss geprüft werden, ob und wenn ja inwiefern die Coachees durch die Aufzeichnung gestört oder blockiert werden und was helfen könnte diese Störung bzw. Blockade abzubauen. So könnte bereits im Fragebogen ein diesbezüglicher Hinweis vermerkt sein, den die Coaches direkt zu Beginn im Plenum ansprechen. Dabei zeigen sie den Coachees die dadurch entstehenden Vorteile auf, versichern gleichermaßen den sensiblen Datenumgang und die ausschließliche Nutzung für dieses Programm. Die Coaches müssen also mit allen Coachees die jeweiligen Aufzeichnungen und deren Veröffentlichung absprechen. Einzel- und Gruppencoaching sollten dabei getrennt betrachtet werden. Die textuelle Aufzeichnung im Fall der Ablehnung auditiver und audiovisueller Aufzeichnung ist zwingend erforderlich.

Mögliche Vorteile der digitalen Aufzeichnungen sind eine detailliertere Auswertung, die Perspektiveinnahme des Beobachters und ein unbegrenzter Zugriff auf die gespeicherten Daten. Ein weiterer wichtiger Aspekt ist der Pre-Post-Vergleich. Dieser ist bei handschriftlichen Notizen der Coaches ebenso möglich, allerdings nicht aus der Coachee-Perspektive. Wird also ein Einzelcoaching durchgeführt und audiovisuell aufgezeichnet, dann können sowohl konkrete Aussagen als auch Verhaltensweisen (z.B. Gestik, Mimik) miteinander verglichen werden. Die Coachees nehmen dabei die Rolle eines Selbst- und Fremdbeobachters bzw. -analytikers ein. Aufgrund der Vereinfachung wird fortan von der Zustimmung aller Teilnehmer zur Aufzeichnung und internen Veröffentlichung von Bild- und Tonmaterial ausgegangen. Die aufgezeichneten Einzelcoachings stehen ausschließlich den Coaches und den jeweiligen Coachees zur Verfügung und werden nicht veröffentlicht.

Bei beiden Präsenzterminen werden standardmäßig White- bzw. Smartboard, Schreib- und Malutensilien, Flipcharts, Metaplankarten sowie Beamer und Computer (Desktop, Note-, Netbook) inklusive lokalem (Wireless/ Local Area Network) und nicht lokalem Netzwerkzugriff (World Wide Web) eingesetzt. Diese Medien gelten als Grundausstattung einer modernen Lernumgebung, werden vorausgesetzt und im weiteren Verlauf nicht explizit erwähnt. Gleiches trifft auf die Aufzeichnungsmedien zu, sodass Videokamera, Mikrofon und Diktiergerät nicht gesondert erwähnt werden. Methoden wie Präsentation und Moderation werden ebenfalls nicht gesondert ausgeführt, da sie permanenter Bestandteil sind.

### 5.5.1 Präsenzcoaching I

*Ziele und zentrale Inhalte*

Ziele und Inhalte, also Bestandteile didaktischer Analysen (Kap. 4.4), sollten nicht nur eine logische Struktur aufweisen, sondern müssen mit den transformationalen Führungskompetenzen (Kap. 3) und der skizzierten Zielgruppe in Einklang stehen. Empfohlene Richtziele, die im ersten Coachingblock angestrebt werden, sind folgende: Die iFnk

- kennen das Ziel, die Bestandteile und den Ablauf des Blended Coaching Konzepts,

- wissen, was Coaching bedeutet und wie es sinnvoll eingesetzt werden kann,
- kennen die Grundlagen von Führung und insbesondere transformationaler Führung,
- wissen, was Kompetenzen sind und aus welchen sich Führungskompetenz speist,
- können sich mit ihrer neuen Rolle identifizieren und gewinnen Sicherheit,
- sind imstande, in ihrer neuen Rolle adressatengerecht zu kommunizieren.

Um diese Ziele zu erreichen, sind entsprechende Inhalte zu thematisieren, die sich anhand der aufgeführten Ziele ableiten lassen. Inhalte sind demnach Grundlagen zum Coaching und zum Thema Führung (z.B. autoritäre und kooperative Führungsstile), die transformationalen Führungskompetenzen (Kap. 3), Rollenklarheit und -erwartungen (Kap. 2.2) und Grundlagen zur Gesprächsführung.

Die Kommunikation (z.B. Vier-Ohren-Modell, aktives Zuhören, Eisbergmodell) gilt als unverzichtbare und fundamentale Führungskompetenz. Kommunikative Handlungen dominieren deutlich den Führungsalltag (Schreyögg & Nazlic, 2012, S. 70). Kommunikation ist damit erfolgsentscheidend (Löhner, 2009, S. 191–193; Schreyögg & Nazlic, 2012, S. 70) und wird kurz ausgeführt. Das bekannte Axiom „[m]an kann nicht nicht kommunizieren" (Watzlawick, 2011) erfährt im Kontext von Führung eine ausschlaggebende Bedeutung. Die allgegenwärtige Kommunikation ist für iFnk von besonderem Interesse, weil die unterstellten Mitarbeiter diese direkt wahrnehmen, interpretieren und sie sich auf die Arbeitsatmosphäre sowie Leistungsbereitschaft auswirkt. Die Art und Weise der Kommunikation kann das Gerüst transformationaler Führung und somit erfolgreiches Führungshandeln stark ins Wanken bringen. So kann durch vorbildliches Handeln (Kap. 3.2.1) manchmal besser kommuniziert werden als verbal (Blessin & Wick, 2014, S. 263).

Wenn ein Mitarbeiter bspw. ein Verbesserungsvorhaben präsentiert und die iFnk nicht davon überzeugt ist, dann muss diese entsprechend reagieren (kommunizieren). Hat sich die Führungskraft nicht einmal Zeit für dieses Gespräch genommen, klopft währenddessen ununterbrochen mit dem Kugelschreiber auf den Schreibtisch, schaut alle 60 Sekunden auf die Uhr und entgegnet dem Mitarbeiter mit knapper ungehemmter Absage – welche Konsequenz tritt dann hervor? Der Mitarbeiter ist demotiviert, das Vorbild in der Führungskraft wird erschüttert, die Loyalität gegenüber der Führungskraft sinkt und ein wiederholter Verbesserungsvorschlag wird mit signifikanter Wahrscheinlichkeit (zumindest in absehbarer Zeit) nicht folgen. Dies ist nur ein kleiner Ausschnitt der Konsequenzen, der die Tragweite misslungener Kommunikation zum Ausdruck bringt. Daher ist es von besonderer Relevanz, dass Führungskräfte fair kommunizieren (Kap. 3.2.4), ihre Mitarbeiter auf Augenhöhe ernst nehmen, sie fördern und unterstützen (Kap. 3.2.3). Die Führungskraft hätte in diesem Fallbeispiel mit dem Mitarbeiter einen festen Termin vereinbaren können, sich ausschließlich auf ihn und seinen Vorschlag konzentrieren sollen und mit einer motivierenden, inspirierenden und einfühlsamen Absage nach ein paar Tagen wieder auf ihn zukommen können. Selbstredend existieren zahlreiche adäquate Lösungsalternativen.

*Methoden und Medien*

Die angesprochene Großmethode, in diesem Fall die offene Fallstudie, dient als Rahmung im Coaching. In der ersten Präsenzsitzung können Rollen im Unternehmen vergeben werden, welche die Basis für mögliche Rollenspiele bilden (z.B. Abteilungsleiter in der Produktion). Weitere zum Einsatz kommende Methoden könnten mitunter Brainstorming, Mindmapping, Szenario, Reframing (Umdeutung), Skulpturarbeit, Systemaufstellung, szenisches Spiel und Blitzlicht sein. Um einer methodischen Überfrachtung entgegenzuwirken, sollte eine schlüssige Zusammenstellung gewählt werden. Es ist an dieser Stelle nicht leistbar alle zum Einsatz kommenden Methoden und Techniken darzulegen, sodass eine Auswahl erfolgt.

Brainstorming kann bei den zu erarbeitenden Themen Coaching und Führung nützlich sein. Hierzu existiert die App „iBrainstorm". Wenn alle iFnk über ein Smartphone oder Tablet verfügen, können diese anonyme digitale Notizzettel an ein zentrales Endgerät (Tablet) senden, das diese dann per Beamer für alle sichtbar auf eine Leinwand projiziert. Mindmapping ist eine weitere Methode, um die beiden Themen gemeinsam zu erschließen. Auch hierzu bieten Apps wie „MindNode" oder „iThoughts" eine gute Hilfestellung und ermöglichen neben der Integration von Bildmaterial kontinuierliche Veränderungen (Carstens, 2013, S. 337). Die App „iVote" kann zudem dabei helfen Stimmungsbilder im Gruppencoaching zu generieren (Carstens, 2013, S. 339). Eine ähnliche App stellt „eduVote" dar. So könnte die subjektiv empfundene Relevanz der selektierten Themen abgefragt werden. Bei allen angeführten Apps sind die Antworten anonym, was mögliche Hemmschwellen verringert und aktivierend wirkt.

Theoretische und praktische Übungen zum Thema Führung sind darüber hinaus sehr gut dazu geeignet Führungskompetenz zu entwickeln. Eine Zusammenstellung möglicher Übungen findet sich bei Klutmann (2013). Empfehlenswert sind Übungen in Kleingruppen. In Anlehnung an Klutmann (2013, S. 19–21) können Führung und Führungsaufgaben auf den drei Hierarchieebenen in mittelständischen Unternehmen diskutiert und im Plenum präsentiert werden, um in das Thema einzusteigen. Zur Teamkompetenz haben Kriz und Nöbauer (2008) nützliche Übungen wie den sogenannten *Führungswurm* zusammengestellt (S. 212–214). Dabei werden bis auf einer Person allen anderen die Augen verbunden.

Die Personen legen ihre Hände auf die Schultern der jeweils vorderen Person. Die hintere (sehende) Person darf den *Führungswurm* nur nonverbal lenken. Ziel ist es, einen auf der Strecke befindlichen Gegenstand aufzunehmen und diesen sicher ins Ziel zu navigieren.

Tablets können die Coaches bei der Vor- und Nachbereitung unterstützen (Carstens, 2013, S. 334). Mit deren Hilfe können sie Notizen machen, Aufzeichnungen vornehmen und Systemaufstellungen grafisch darstellen. Bei der digitalen Systemaufstellung genügen ein Computer (ggf. Bildschirm) und das kostenlose Programm *LPScocoon®* (Kap. 4.5) oder ein Tablet mit entsprechender Visualisierungs-App („OmniGraffle"). Eine Systemaufstellung sollte im ersten Einzelcoaching thematisiert werden. Sie dient dazu die Ist-Situation der iFnk im (Unternehmens-)Umfeld zu visualisieren und zu analysieren (z.B. Machtverhältnisse, Netzwerke).

Zur Realisierung von Systemaufstellungen werden bei der analogen Variante Steine oder Figuren benötigt. Systemische Aufstellungen können mithilfe von Tierfiguren realisiert werden, die bspw. Mitarbeiter und Abteilungen darstellen. Diese zukunftsorientierte Methode erlaubt es, ein subjektives Bild zu erstellen, um hinderliche und förderliche Kräfte auszumachen. Dabei spielen Nähe und Distanz der Personen (Tiere) zueinander genauso eine Rolle wie Sympathie und Einflussstrukturen. Es steht am Ende eine individuelle und aussagekräftige Konstruktion bereit. Diese Methode erfordert die Offenheit der Teilnehmer für kreative Übungen (Schiersmann & Thiel, 2014, S. 410–415). Da die iFnk bereits seit einiger Zeit im Unternehmen beschäftigt sind, ist diese Methode nutzenstiftend, um verschiedene Perspektiven einnehmen zu können. Welche Personen könnten den Rollenwechsel zur Führungsposition befürworten bzw. fördern? Welche könnten ihn hemmen? Wo sind Hindernisse und Stolpersteine zu erwarten?

Tonmasse kann zur Modellierung einer beliebigen Skulptur dienen. Die Coachees haben freie Wahl und können ihrer Kreativität dabei freien Lauf lassen. Interessant ist dabei, dass ohne Vorgabe und ohne Intention am Ende immer ein kreatives Werk entsteht, das enorm viel Raum zur Interpretation bereitstellt – auch im Kontext von Führung. Nach Fertigstellung der Skulpturen können Interpretationen in der Gruppe besprochen werden. Diese Methode fördert nicht nur Kreativität in einer angenehmen Lernatmosphäre und das nähere Kennenlernen der iFnk, sondern erlaubt es ihnen mehr über sich selbst herauszufinden und zu sich selbst zu finden (z.B. Charakter identifizieren). Dieser Erkenntnisgewinn ist nützlich für erfolgreiches Führungshandeln.

*Lernorganisation*

Am ersten Tag treffen sich die Teilnehmer und die Coaches das erste Mal persönlich. Da soziale Umweltfaktoren den Lernprozess beeinflussen (Deci & Ryan, 1993, S. 229–230) und die Coaches und Coachees über einen längeren Zeitraum zusammenarbeiten sowie das gleiche Ziel verfolgen, sollte zu Beginn eine Kennenlernrunde stattfinden. Obwohl die Coaches bevorteilt sind, da sie bereits den Fragebogen der jeweiligen Teilnehmer erhalten und ausgewertet haben, ergibt das persönliche Vorstellen nicht nur für die Teilnehmer untereinander einen Sinn, sondern auch für die Coaches. Diese können nämlich erste reale Eindrücke über die Coachees sammeln (ruhig, enthusiastisch, etc.). In typischen Seminarangeboten findet sich eine Rundumvorstellung. Da diese auch bei 14 Personen (inklusive der Coaches sogar 16) durchaus langwierig sein kann und sich die Teilnehmer am Ende meistens nicht in Erinnerung rufen können, was der Erste gesagt hat, empfiehlt sich von Beginn an ein hoher Aktivitätsgrad. So können offene oder auch leitfadengestützte Tandeminterviews geführt werden, denen sich eine gegenseitige Präsentation vor der Gruppe anschließt.

Eine gehaltvollere Möglichkeit bietet sich durch das Werfen eines Gegenstandes zu einer beliebigen Person im (Stuhl-)Kreis, die sich daraufhin thematisch äußert. So könnte ein Tennisball symbolisch dazu dienen etwas über sportliche Aktivitäten, ein Taschenbuch um etwas über gern gelesene Genres, ein Miniaturglobus um etwas über favorisierte Reiseziele und ein kleines Fernglas um etwas über zukünftige Ziele zu erfahren. Natürlich lassen sich an dieser Stelle beliebig viele weitere Assoziationen finden. Diese Vorstellungstechnik eröffnet den Coaches die Möglichkeit relevante Einblicke in das Leben der Coachees zu werfen, um diese besser einschätzen zu können. Die unterschiedlichen Antworten geben Aufschluss über die Personen und erlauben mitunter den Abgleich mit dem ausgefüllten Fragebogen. Für die Coaches ist es von großer Wichtigkeit die Authentizität der Coachees einzustufen. Um die Authentizität zu überprüfen, können Aussagen und Verhalten mit den Ergebnissen des Fragebogens abgeglichen werden. Authentisches Verhalten ist Gegenstand transformationaler Führung (Kap. 3.2.1) und für die iFnk sehr wichtig. Weitere Erkenntnisse erschließen sich aus dem zukünftigen Ziel. Wie realistisch ist dieses? Soll dies in drei, zehn oder zwanzig Jahren erreicht werden? Handelt es sich um ein monetäres Ziel, die berufliche Karriere oder um ein immaterielles Ziel wie eine harmonische Familie?

Nachdem die interaktiv-symbolische Vorstellung abgeschlossen wurde, wird der Gesamtablauf für die beiden Präsenztage etwas genauer und das Gesamtkonzept grob besprochen. Gemeinsam werden Meilensteine festgelegt, die den gesamten Coaching- bzw. Lernprozess begleiten. Eventuell werden allgemeine und organisatorische Fragen geklärt.

Im Anschluss sollte grundlegendes Wissen über Coaching und Führung thematisiert werden. So sollte geklärt werden, was die Coachees als auch die Coaches unter Coaching bzw. Führungskräftecoaching verstehen. Anschließend geht es darum, sich mit dem umfassenden Thema Führung auseinanderzusetzen. Anknüpfend an den Fragebogen können Coachees aus ihrer Sicht Kenntnisse und Erfahrungen zum Thema Führung in eine Diskussion einbringen. Anschließend sollte ein Blick auf die transformationale Führung geworfen werden. An dieser Stelle kommen Rollenspiele zu unterschiedlichen Führungsstilen infrage. So könnten Laissez-faire, transaktionale und transformationale Führung in mehreren Führungssituationen verdeutlicht werden. Im Anschluss werden die Rollenspiele diskutiert und reflektiert. Skulpturarbeit kann den ersten Coachingtag abrunden.

Am zweiten Tag werden Einzelcoachings mit allen Teilnehmern geführt. Dafür sollte pro Coachee eine halbe Stunde einkalkuliert werden. Mithilfe des Fragebogens sowie der Aufzeichnungen und deren (Kurz-)Analyse am ersten Tag lassen sich die Coachingsitzungen zeitlich verkürzen, da schon eine Arbeitsgrundlage vorhanden ist. Eine optionale Ergänzung stellen coachingbasierte Arbeitsblätter dar. Diese tragen dazu bei, die Einzelcoachings stringent vorzubereiten. Die Coaches sollten die Einzelcoachings untereinander aufteilen, sodass jeder sieben übernimmt (z.B. vor- und nachmittags). Je nachdem wie gut das Einzelcoaching vorbereitet wurde und wie lange die obligatorische Systemaufstellung dauert, bestimmen die iFnk den weiteren Verlauf. Inhaltlich sind diese Coachings coacheezentriert, offen und werden vom Coach anhand systematischer Fragen geleitet. Naheliegend könnte sein, dass ein Coachee Zweifel an der Übernahme der Führungsposition hat. Die Coachees können hier aus einer umfangreichen inhaltlichen Bandbreite wählen. Wenn einen Coachee kein konkretes Thema beschäftigt, worin er ein Problem sieht oder sehen könnte, liegt es am Coach eine gesunde und vertrauenswürdige Beziehung herzustellen und die richtigen Impulse zur Themenfindung zu geben. In späteren Einzelcoachings kann an die vorherigen Sitzungen angeknüpft werden. Neue Themen und Ziele sind jedoch auch möglich und üblich.

Parallel zu den Einzelcoachings bieten sich in der ersten Hälfte eine Reihe von Übungen zum Thema Führung an. Es empfiehlt sich, ein in sich stimmiges Bündel an praktischen Übungen miteinander zu kombinieren, die versuchen der transformationalen Führung in seinen sechs Kompetenzclustern gerecht zu werden. Das Tagungshotel kann verlassen werden, um Übungen in der angrenzenden Umgebung durchzuführen.

Zudem sollte in Kleingruppen (drei bis vier iFnk) mit dem anderen Coach gegenseitiges Coaching geübt werden. Der Coach erklärt zu Beginn kurz die Vorgehensweise und gibt eine Struktur vor. Danach begleitet er den Prozess. Die Kleingruppen haben analog zum Einzelcoaching ca. eine halbe Stunde Zeit ein reales berufliches Problem aus der Vergangenheit oder eine zukünftige Befürchtung eines Gruppenmitglieds zu bearbeiten. Dieses Gruppenmitglied schildert ein beliebiges Problem und die anderen Gruppenmitglieder nehmen die Rolle von Coach und Beobachter ein und versuchen mittels Coaching das Problem zu lösen bzw. Hilfe zur Selbsthilfe zu leisten. Im Coaching geht es schlicht und ergreifend erst einmal darum, konstruktive und lösungsorientierte Fragen zu stellen (Pinnow, 2012, S. 284). Und genau das sollen die iFnk untereinander praktizieren. Während des Prozesses achtet der Coach im Schwerpunkt auf die Einhaltung der Vorgehensweise und Struktur. Eine Auswertung dessen folgt im Anschluss.

Daraus ergeben sich mehrere Vorteile. Die Coachees können sich mit dem Instrument Coaching dreidimensional vertraut machen; als Coach, Coachee und Beobachter. In einigen Unternehmen nehmen Vorgesetzte auch die Rolle eines Coaches ein und coachen ihre Mitarbeiter. Um den iFnk dies zu verdeutlichen, kann die Übung sinnvoll sein. Wird ein solches Vorgesetzten-Coaching (Geißler, 2011) jedoch explizit im Unternehmen eingefordert, dann sollte eine diesbezügliche Weiterbildung folgen, da das Konzept dieses abzubilden nicht imstande ist. Überdies erhalten sie Einblicke in verschiedene alltägliche und spezifische berufliche Problemfelder der anderen Gruppenmitglieder und können kooperativ und kollaborativ lernen. Jede einzelne iFnk hatte im beruflichen Kontext Erlebnisse, anhand derer Erfahrungen gemacht und Kompetenzen entwickelt wurden. An dieses ganzheitliche Erfahrungslernen (Dehnbostel, 2010, S. 44–46) wird hier angeknüpft. Zudem verbinden sie ähnliche Probleme, die sie im Team reflexiv bewältigen. So effizieren transformationale Führungskräfte gegenseitige Unterstützung und Reflexion im Team (Steiner & Felten, 2013, S. 52).

Durch das beschriebene Coaching können sie sich mögliche zukünftige Probleme vergegenwärtigen, wobei es sich hier i.d.R. um Probleme handelt, bei denen sie sich in der Rolle des Mitarbeiters befunden haben. Wie würden sie also selbst als Führungskraft reagieren, um das Problem im Idealfall kooperativ zu lösen? Einerseits wird ein spezifisches Problem aufgegriffen, für das konkrete Lösungen erarbeitet werden und andererseits werden dabei problemübergreifende Kompetenzen (Selbstcoaching) entwickelt, die zur zukünftigen eigenständigen Problembewältigung beitragen (Geißler, 2012b, S. 140–141). Es sollen also erfolgskritische Faktoren (z.B. Empathie) durch reflexives Lernen identifiziert werden. Ein Abschlussgespräch im Plenum schließt den zweiten Tag ab.

## 5.5.2 E-Coaching

*Ziele und zentrale Inhalte*

Selbstlernkompetenzen müssen wie besprochen vorhanden sein, sollen aber im E-Coaching auch gefördert werden. Durch die steigenden Herausforderungen im Arbeitsalltag (z.B. Produktionsprozesse, IKT) sind die iFnk angehalten, sich in kurzer Zeit eigenständig in neue Themenfelder einzuarbeiten. Dementsprechend sollten sie imstande sein, Initiative zu ergreifen, alternative Lösungen auszuprobieren und fortlaufend lernfähig zu sein. Ziele, die die iFnk erreichen sollten, sind:

- reflexives Erkennen der Führungspersönlichkeit (z.B. Ehrgeiz, Optimismus)
- ein ausgewogenes Zeit- und Selbstmanagement entwickeln (Prioritätensetzung)
- Selbstwahrnehmung stärken und Emotionen kontrollieren können
- eigene Stärken, Schwächen und Ressourcen erkennen und fördern können
- die Entwicklung eines authentischen transformationalen Führungsstils.

Ein nicht forciertes Teilziel bzw. positives Nebenprodukt ist eine adäquate Medienkompetenz im Umgang mit den verwendeten Medien sowie hervorgebrachtes Interesse für den Umgang mit weiteren nicht-verwendeten neuen Medien.

Lerngegenstände sind vor allem Selbstreflexion, Gesprächsanalysen, Stärken und Schwächen, Selbst- und Fremdwahrnehmung (Kompetenzerleben). So konnte in einer Untersuchung herausgestellt werden, dass die Selbst- und Fremdwahrnehmung männlicher und weiblicher Führungskräfte divergiert (Sczesny, 2003). Weitere Inhalte sind der Umgang mit Erfolg und Misserfolg, Zeit- und Selbstmanagement sowie konstruktives Feedback. Feedback sollte mitunter autonomiefördernd und sachverhaltsbezogen sein (Deci & Ryan, 1993, S. 231). Rhetorik und Selbstdarstellung sind nicht zu vernachlässigen. Diese können durch digital aufgezeichnete und bereitgestellte (Mitarbeiter-)Gespräche analysiert werden.

Weiterhin ist die Analyse der individuellen Führungssituation wichtig. So sollten sich die iFnk mit der Situation des Vorgängers und deren Einflüssen (Schreyögg, 2010, S. 129–144) und bzw. oder dem innerorganisatorischen Auftrag (z.B. Restrukturierung, bestehendes oder neu zusammengestelltes Team) (S. 145–151) beschäftigen. Ein Aspekt, dem vielleicht nicht immer ausreichende Beachtung geschenkt wird, ist die Vergangenheit der iFnk im Unternehmen. Ab dem ersten Beschäftigungstag spielt Einfügung in die Gruppe eine zentrale Rolle. Die Kollegen lernen den neuen und noch gleichgestellten Mitarbeiter näher kennen, womöglich auch privat. Währenddessen entwickelt sich aus dem ersten Eindruck ein immer klareres Muster dieser Person und naturgemäß eine Beziehung, die ab der offiziellen Nominierung zum Vorgesetzten eine Zäsur erfährt. Es ist davon auszugehen, dass sich die bisherige Beziehung verändert und die neu ernannte Führungskraft isoliert ist. Wie gehen Führungskräfte mit dieser neuen Einsamkeit um? Gibt es Möglichkeiten dieser zu entrinnen und trotzdem die neue Position erfolgreich wahrzunehmen? Auf diese Fragen wird unter anderem in den Einzelcoachings zurückzukommen sein, die das lernende Individuum in den Mittelpunkt stellen.

*Methoden und Medien*

Elsholz und Knutzen (2010) sowie Elsholz (2013) haben im Rahmen der *Kompetenzwerkst@tt* ein berufspädagogisches Ausbildungsportfolio vorgestellt. Das Portfolio kann in vollem Funktionsumfang browserbasiert er- bzw. bearbeitet werden. Ergänzt wird es um eine mobile Anwendung mit reduziertem Umfang. Die Browservariante soll überwiegend Reflexionsprozesse unterstützen, während mobile Endgeräte wie Smartphones eher der Dokumentation von Lern- und Ausbildungsprozessen dienen (Elsholz, 2013). In ähnlicher Weise wird das Portfolio gewinnbringend im E-Coaching eingesetzt.

Zur Kompetenzentwicklung der iFnk dient hier das E-Kompetenzportfolio, welches sie über den gesamten Lernprozess begleiten soll und in eine soziale Lernplattform eingebettet ist. Es unterstützt gleichermaßen Coaches und Coachees. Ferner bietet das E-Kompetenzportfolio die Möglichkeit über den zweiten Präsenztermin hinaus weitergeführt zu werden. Einerseits ist dieses beim Abschlusscoaching nach sechs Monaten für Coach und Coachee unterstützend und andererseits bietet es den iFnk eine langfristige Dokumentation und Reflexion ihrer Erlebnisse, Erfahrungen, Lernprozesse und ihres Lernfortschritts. So fördert das E-Kompetenzportfolio die persönliche Weiterentwicklung (lebenslanges Lernen). Beim zweiten Präsenztermin wandelt sich ein öffentlicher Teil des Prozessportfolios einmalig zum Präsentationsportfolio um, das die Coachees im Plenum präsentieren.

LMS umfassen grundlegend drei Eckpfeiler: Administration, Kommunikation und Inhalt (Kuhlmann & Sauter, 2008, S. 210; Taraghi, Ebner & Schön, 2013, S. 3). Im Coaching dient das LMS zur gesamten Lernorganisation. Es wird im Anschluss an die Medienschulung freigeschaltet (Rollenvergabe, etc.). Im LMS erfolgt die Festlegung von Meilensteinen. Coaches und Coachees als auch Coachees untereinander können kommunizieren, indem sie die Kommunikationswerkzeuge Forum, Messenger und Chat benutzen. Lernobjekte werden nach Beendigung des ersten Präsenztermins bereitgestellt. Eine von den Coaches abgestimmte Auswahl an didaktisch transformierten Lernmaterialien steht hier bereit (z.B. Arbeitsblätter, Videosequenzen und Vertiefungswissen in Form von Aufsätzen zur transformationalen Führung). Diese Materialien können jederzeit von den Coachees ergänzt und diskutiert werden. Das aufgezeichnete Audio- und Videomaterial der Präsenztage wird ebenfalls hochgeladen. So wird eine multiperspektivische Betrachtung (Digel, 2013) ermöglicht. Die Coachees können Aussagen und Verhalten hinsichtlich der Selbstdarstellung und Rhetorik analysieren. Dies trägt zur Entwicklung transformationaler Führungskompetenzen bei. Eine mobile (Hybrid-)App ergänzt das LMS.

Das tragende Element bildet das integrierte E-Kompetenzportfolio, welches sich in vier Teilbereiche gliedert: (1) einen persönlichen Bereich, (2) einen Coach-offenen Bereich, (3) einen Tandem-Bereich, der zwei Coachees offensteht und (4) einen Lerngruppen-offenen Bereich. Es ist weiter empfehlenswert das Portfolio durch Leitfragen zu strukturieren, um den Coachees eine Orientierungshilfe zur Seite zu stellen. Das Portfolio hält den Coachees einen Gestaltungsspielraum bereit und ermöglicht ihnen ein individuelles Kompetenzprofil im Coaching und darüber hinaus herauszuarbeiten.

Die Coachees haben die Möglichkeit unterschiedliche Artefakte im Portfolio zu hinterlegen. Videobeiträge, die positive oder negative Erlebnisse im Unternehmen thematisieren sowie eine Audioaufzeichnung per Smartphone, die ein spontanes Tagesgespräch mit dem Vorgesetzten reflektiert, können in ein individuell gegliedertes Coachingtagebuch eingetragen werden. Weiter könnte ein schriftlicher Eintrag via Webbrowser am heimischen Desktop hinterlegt werden, der den persönlichen Umgang mit Erfolg und Misserfolg zusammenfasst. Zudem können Bilder und Fotos integriert werden. Z.B. um eine per Hand erstellte Mindmap hinzuzufügen, um das persönliche Befinden oder um eine analoge Systemaufstellung bildlich festzuhalten. Ferner können im Tandem erzielte Lernergebnisse dokumentiert und reflektiert werden, wie Screenshots analysierter Rollenspiele oder Zeichnungen (z.B. mittels der App „SketchBook"), die mit einem Kommentar versehen wurden. Assoziiertes und dissoziiertes Erleben eignen sich zur inneren und äußeren Wahrnehmung. Handelt es sich beim dissoziierten Erleben meist um Sehen und Hören, wird dies beim assoziierten um die Gefühlsebene ergänzt (Müller, 2012, S. 105). Durch gezielte Übungen lassen sich dann (Führungs-)Situationen mehrperspektivisch wahrnehmen und die dazugehörigen Gedanken und Erkenntnisse ins E-Kompetenzportfolio integrieren.

Die iFnk können also Erlebnisse und Erkenntnisse im Rahmen ihrer Arbeit, ihrer privaten Umgebung und aus den Coachings in einer Lernumgebung verankern. Theoretisches Wissen (z.B. aus Aufsätzen) und theoretische Erkenntnisse (z.B. durch Analyse von Gesprächssequenzen) fließen in individuellem Handlungswissen zusammen. Im Zusammenspiel mit den Präsenzterminen (z.B. Übung Führungswurm) und den Praxiserfahrungen im mittelständischen Unternehmen (Lerntransfer) mündet das individuelle Handlungswissen in transformationale Führungskompetenzen bzw. transformationales Führungshandeln.

Die umfangreiche Distribution und Nutzung von Smartphones und Tablets lässt sich zunutze machen. So können unter anderem *Enhanced Podcasts* (z.B. auditiv kommentierte Präsentationen) und *Vodcasts* (z.B. Rollenspiele) mit einer angemessenen Konsumdauer (ca. zehn Minuten) sowie bereits angeführte Apps nutzbar gemacht werden. Bei dem erstaunlichen Umfang in den populären App-Stores *Google Play* (ca. 1.000.000 Apps) und *Apple App Store* (ca. 900.000 Apps) (Statista, 2014) sollten eigentlich vielschichtige Möglichkeiten im Coaching vorhanden sein. Bisher wird die App-Nutzung im Coaching sehr kontrovers diskutiert. Das Fazit von Schrehardt (2012) fällt hierzu ernüchternd aus. Nur eine geringe Anzahl an Apps lässt sich im Coaching nutzen, wovon nur ein Bruchteil explizit für Coachingzwecke entwickelt wurde und in deutscher Sprache erhältlich ist (Carstens, 2013, S. 334). Werden Modewortcharakter (Kap. 1.1) und Scharlatanerie (Kap. 5.1.3) ausgeblendet, lassen sich vermeintliche (Coaching-)Apps finden. Diese werden jedoch weder dem hier beschriebenen Verständnis von Coaching (Kap. 4.1) noch den hohen Anforderungen ans Coaching gerecht.

*Lernorganisation*

Die Hauptphase bewegt sich zeitlich zwischen neun und zwölf Wochen. Die geschätzte Stundenanzahl im E-Coaching darf nicht vernachlässigt werden. Die Coaches müssen also in etwa kalkulieren, wie viel Zeit die einzelnen Elemente (Erreichung der Ziele, Bearbeitung der Inhalte) benötigen und gleichermaßen wie viele Stunden die Coachees während dieser Wochen durchschnittlich entbehren können (Vorabbefragung). Wird von zehn Wochen und in dieser Zeit von einem minimalen Entgegenkommen der Unternehmen (z.B. zwei Stunden Ausfallzeit pro Woche) ausgegangen, summieren sich zwölf Wochenstunden auf 120 Gesamtstunden. Dies gilt als grob gefasste Richtung, die variieren kann. Die Coachees müssen genügend Zeit haben intensiv in die Themen einzusteigen, dürfen nicht überfrachtet werden (Verringerung der Motivation) und sollten auch keinen zu großen *Leerlauf* haben, der eine intensive Auseinandersetzung hemmen könnte. Der Arbeitsaufwand im Coaching muss realistisch eingeschätzt werden und mit der verfügbaren Lernzeit, den Zielen und Inhalten harmonieren.

Die Selbstlern- und Selbstcoachingphase wird durch kooperatives und kollaboratives Lernen im Tandem und zwei Einzelcoachings vervollständigt. In der ersten Phase geht es wie bei den Inhalten hinterlegt, um die Selbstreflexion, Stärken und Schwächen etc., über die sich die iFnk im Coachingprozess klar werden sollten. Die iFnk entscheiden dabei i.d.R. selbst, welche Inhalte sie in welchem Portfoliobereich hinterlegen und somit für wen diese Inhalte zugänglich sind. Die gemeinsame Arbeit im Tandem, also zwei Coachees miteinander (bei ungerader Anzahl ist auch ein Dreierteam möglich), umfasst die Analyse von eigenen und fiktiven Mitarbeitergesprächen als auch ein kleines Praxisprojekt. Bei dem Praxisprojekt, das mit den Coaches individuell abgesprochen wird, werden Ziele und Inhalte des Coachings in die Praxis übertragen bzw. dort ausprobiert und reflektiert. Dabei unterstützt sich das Tandem gegenseitig. So könnte im Projekt konstruktives Feedback thematisiert werden. Die Coachees beobachten z.B. in einer Besprechung die Art und Weise des Feedbacks, bringen selbst Feedback ein und nehmen die Erfahrungen in den Tandem-Bereich des Portfolios auf. Daraus entsteht eine Analysebasis.

Zwei ausführliche Einzelcoachings werden innerhalb des E-Coachings mit den einzelnen Coachees abgesprochen. Dazu benötigen die Coachees ein entsprechendes Endgerät wie ein Festnetztelefon, Smartphone, Tablet oder einen Computer. Um eine hohe Tonqualität zu erreichen und Nebengeräusche abzuschirmen, kann ein Headset helfen. Die Einzelcoachings sollten nach Möglichkeit in der dritten oder vierten und in der siebten oder achten Woche stattfinden. Beide Einzelcoachings sind coachgeleitet sowie coachee-zentriert und sollten sich auf die Entwicklung eines persönlichen transformationalen Führungsstils konzentrieren. Die Einzelcoachings werden auditiv bspw. per *Skype* oder mit einem Festnetztelefon durchgeführt. Digital vorgefertigte Arbeitsblätter, die im Vorfeld vom Coachee ausgefüllt wurden, unterstützen die Einzelcoachings.

### 5.5.3 Präsenzcoaching II

*Ziele und zentrale Inhalte*

Im zweiten Präsenzblock werden die Erfahrungen sowie theoretischen und praktischen Erkenntnisse vertieft und ausgebaut. Die iFnk können nach Abschluss des Blocks

- Gruppen- und Abteilungsgespräche sowie unterschiedliche Arten von Mitarbeitergesprächen erfolgreich führen und moderieren,
- die Heterogenität ihrer Mitarbeiter berücksichtigen und sie motivieren,
- komplexe Aufgaben und Verantwortung strukturiert delegieren,
- Konflikte und Probleme identifizieren, ansprechen und konstruktiv lösen,
- Macht und Einfluss sinnvoll zum gemeinschaftlichen Erfolg und zum Allgemeinwohl einsetzen (Kollektiv),
- Kompetenzen als auch Potenziale ihrer Mitarbeiter erkennen und fördern.

Die hier behandelten Inhalte sind die angefertigten Kompetenzportfolios, Mitarbeitergespräche und damit verbunden Motivations-, Delegations- und Konfliktfähigkeit als auch Macht und Einfluss. So können unmotivierte oder konfliktträchtige Mitarbeiter oder auch Fragen nach Macht thematisiert werden (was ist Macht und wodurch wird sie ermöglicht?).

*Methoden und Medien*

Die Methoden und Medien überschneiden sich mit denen aus dem ersten Präsenzblock. Die Einbindung der dort besprochenen Apps und somit der Smartphones bzw. Tablets ist für Coaches und Coachees möglich. Dominieren sollten das zweite Präsenzwochenende vor allem praktische Übungen, z.B. Outdoor-Trainings (Düppe, 2004; Kern & Schmidt, 2001) und Rollenspiele. Demzufolge werden drei Übungen vorgestellt, die die transformationalen Führungskompetenzen entwickeln bzw. fördern:

In der Nähe des Tagungshotels wird ein großer Baum ausgewählt. Über einen stabilen Ast wird ein Seil geworfen, das am Ende durch einen Sicherheitsgurt mit einer iFnk verbunden ist. Im Dreier- oder Viererteam wird dann versucht innerhalb einer vorgegebenen Zeit durch vorhandene stapelbare Kisten einen Turm zu bauen, auf dem die angeseilte iFnk am Ende stehen sollte. Das Team mit dem höchsten Turm gewinnt. Durch diese Übung wird transformationale Führung praxisnah trainiert. So werden Leistungsbereitschaft und Disziplin vorausgesetzt. Ebenso müssen sich die iFnk organisieren und miteinander kommunizieren. Teamgeist ist gefordert, d.h. alleine kann die Aufgabe nicht bewältigt werden. Die angeseilte Person ist gezwungen den anderen Teammitgliedern zu vertrauen, wohingegen diese Verantwortung übernehmen, da sie das Seil festhalten und für einen sicheren Halt der aufgestellten Kisten Sorge tragen. Lernbereitschaft muss vorhanden sein, damit die Gruppenmitglieder aus eigenen Fehlern und Fehlern der anderen Gruppen lernen und sich verbessern können (Ergebnisorientierung). Nichtsdestotrotz handelt es sich um einen fairen Wettkampf (in der Realität vergleichbar mit der Konkurrenz zu anderen Unternehmen), bei dem eine unternehmerische Haltung für den Erfolg bzw. Gewinn unverzichtbar ist. Zur Erhöhung des Schwierigkeitsgrades kann die verbale Kommunikation untersagt werden. Die Übung sollte zweimal wiederholt und im Plenum inklusive der Zeiterfassung besprochen werden.

Zwei weitere geeignete Übungen finden sich bei Klutmann (2013). Die erste Übung befasst sich mit Macht, die häufig unbewusst eingesetzt wird. Dazu werden Kleingruppen gebildet. Es handelt sich um ein Projekt in einem Unternehmen, bei dem die Mitglieder der jeweiligen Kleingruppen engagiert mitwirken. Auch hier bietet sich das mittelständische Unternehmen der offenen Fallstudie an (Kap. 5.5). Die Mitglieder wollen das Projekt in einer Projektsitzung mit eigenen Ideen zum erfolgreichen Abschluss bringen. Nun sollen Vorschläge unterbreitet werden, wie auf die Kollegen Einfluss genommen werden kann.

Dann steht eine zweite Projektsitzung an. Leider sind im Projektteam Unstimmigkeiten aufgetaucht. Dennoch sollen die Mitarbeiter (Kleingruppen) ihre Meinung durchsetzen. Auch hierzu sollen konkrete Vorschläge diskutiert und präsentiert werden (Klutmann, 2013, S. 42–44). Die Übung fördert transformationale Führungskompetenzen, da die iFnk durch ihr Vorbild (Vertrauen, etc.) und das Aufzeigen von Zielen und Perspektiven die (Projekt-)Mitarbeiter beeinflussen kann.

Die nächste Übung beschäftigt sich mit mehreren kurzen Rollenspielen zur Mitarbeiterförderung, von denen eins kurz vorgestellt wird. Es handelt sich um einen Mitarbeiter mit beachtlichem Karrierepotenzial, der zu einem Gespräch (mit der iFnk) eingeladen wurde. Er sollte sich zuvor Gedanken über seine Zukunft im Unternehmen machen. Der Mitarbeiter könnte sich eine Beschäftigung im Ausland oder aufgrund seiner familiären Situation eine Dreiviertelstelle im Unternehmen vorstellen. Das Rollenspiel wird direkt im Anschluss reflektiert (Klutmann, 2013, S. 133–139). Die Förderung transformationaler Führungskompetenzen ist gewährleistet, da Lernfähigkeit und Unterstützung (Fördern und Fordern) in den Aufgabenbereich der iFnk fällt.

*Lernorganisation*

Am ersten Tag könnten anfängliche Übungen die Atmosphäre auflockern und die iFnk gedanklich stimulieren. Diese Übungen können im Freien stattfinden (Outdoortrainings), um neue Impulse freizusetzen und freie Assoziationen zu eröffnen. Die vorgestellte Übung im Wald bietet sich an.

Nach Beendigung einer selektierten Anfangsübung werden die E-Kompetenzportfolios der einzelnen Coachees im Plenum präsentiert und besprochen. Hierzu geben die Coaches frühzeitig ein fragmentarisches Muster vor, das nur bestimmte Inhalte bzw. Teilbereiche des Portfolios umfasst. Die iFnk haben die Möglichkeit ihre erworbenen (Führungs-) Kompetenzen miteinander zu teilen. Weiterhin können sie ihre Präsentations- und Moderationsfähigkeit unter Beweis stellen, denen sie als Führungskraft stärker als zuvor nachkommen müssen. Obwohl die Präsentation im Plenum fakultativ ist, gilt sie als obligatorisch wenn eine Teilnahmebescheinigung ausgestellt werden soll. Hierdurch sollen intrinsische und extrinsische Motivation miteinander gekoppelt werden. Diejenigen Coachees, die ihr E-Kompetenzportfolio sorgfältig erstellt und im Plenum präsentiert haben, erhalten von den Coaches eine Teilnahmebescheinigung. Gerade im Zuge der ständigen Einforderung formaler Fort- und Weiterbildungsnachweise bietet sich eine Teilnahmebescheinigung an. Es wird an dieser Stelle angenommen, dass alle iFnk ihr E-Kompetenzportfolio präsentieren. Während der vergangenen Wochen hatte jede iFnk die Gelegenheit individuelles Handlungswissen zu generieren, sich mit den anderen iFnk auszutauschen, Erkenntnisse zu reflektieren und teilweise in die Praxis zu transferieren.

Abwechselnd zu den Portfoliopräsentationen finden erneut Übungen statt – wie oben exemplarisch dargelegt, die die transformationalen Führungskompetenzen entwickeln bzw. fördern. Diese bestärken den Lerntransfer und bewirken gleichwohl eine Auflockerung zwischen den Portfolio-Präsentationen.

Am zweiten Präsenztag liegt das Augenmerk auf den Einzelcoachings. Diese sollten erneut mit einer Dauer von ungefähr 35 Minuten eingeplant werden. In den Einzelcoachings wird eine erneute systemische Aufstellung vorgenommen, um Veränderungen bzw. Entwicklungen auszumachen. Die Coach-Coachee-Zuordnung sollte bei den vier Einzelcoachings durchgehend eingehalten werden, um die Beziehung und das Vertrauen zu stärken und um dem Coach eine bessere Analyse und Beurteilung zu ermöglichen. Auch hier finden begleitend variierende Übungen zur transformationalen Führung statt. Ein gemeinsames Essen, eine Abschlusszeremonie und die Übergabe der Teilnahmebescheinigungen runden das zweite Präsenzwochenende ab.

## 5.6 Nachbereitungsphase

Oftmals muss in der Wirtschaft – folgerichtig auch in mittelständischen Unternehmen – sehr gut begründet werden, weshalb Investitionen getätigt werden sollen. Das trifft besonders in wirtschaftlich turbulenten Zeiten zu, die von ökonomischem Druck und Sparmaßnahmen geprägt sind. Solche Überlegungen greifen demzufolge auch bei beruflich-betrieblicher Weiterbildung. Daraus ging in den letzten Jahren eine verstärkte Diskussion hinsichtlich des ökonomischen Nutzens und damit der Messung des Erfolgs hervor. Einzig die Zufriedenheit der Teilnehmer reichte den Unternehmen häufig nicht mehr aus. Infolgedessen war es für Unternehmen immer mehr von Interesse zu erfahren, ob sich durch entsprechende Weiterbildungsmaßnahmen wie Coaching ein messbarer Erfolg eingestellt hat.

Demzufolge wird in der Nachbereitungsphase das vierstufige Evaluationsmodell (Kirkpatrick, 1998; s. hierzu Kühl, 2008, S. 86–92) in Anlehnung an Winkler, Lotzkat und Welpe (2013) empfohlen, die das Modell für das Coaching angepasst haben (Tab-4). Das ursprüngliche pädagogisch-perspektivische *Vier-Ebenen-Modell* gilt als das bekannteste und gängigste in der Unternehmenspraxis (Lohaus & Habermann, 2011, S. 142–143). Ergänzend sei auf weitere Messmodelle hingewiesen (A-17).

| | |
|---|---|
| Reaktionen auf das Coaching | Einschätzung der Beratung durch den Coachee hinsichtlich Effektivität des Coachings Kompetenz des Coachs, Zufriedenheit mit der Beziehung zwischen Coach und Coachee, Zufriedenheit mit dem Coaching-Prozess |
| Lernen | Vorher-Nachher-Tests zur Veränderung von Fähigkeiten und Einstellungen |
| Transfer | Zielerreichungsgrad, Veränderungen im Arbeitskontext über die Messung von Indikatoren (z.B. Fehlzeitenreduktion, höhere Produktivität) oder auch in 360 Grad Feedbacks |
| Ökonomischer Erfolg | Rentabilität der Investition z.B. ROI |

**Tab-4: Vier Ebenen der Evaluation in Anlehnung an Kirkpatrick (Quelle: Winkler et al., 2013, S. 28).**

Nach einer inhaltlichen Präzisierung würde es sich zunächst um eine Pilotierung handeln. Bei dieser erstmaligen Erprobung des Blended Coaching Konzepts sollten eine formative und eine summative Evaluation zum Einsatz kommen. Im Bedarfsfall folgen eine Revision und Optimierung, um die Qualität des Konzepts zu erhöhen. In diesem ersten Schritt ist es demnach primär bedeutsam, dass das Konzept auf seine Machbarkeit hin überprüft wird. Gemäß obiger Abbildung werden bei der Pilotierung die ersten beiden Stufen herangezogen, die *Reaktionen auf das Coaching* und das *Lernen*. Die Stufe des Lernens impliziert potenzielle Wirksamkeitseffekte hinsichtlich der transformationalen Führungskompetenzen. Es ist für Unternehmen, Wissenschaftler, Coaches und Coachees (iFnk) von Interesse zu erfahren, welche Kompetenzentwicklung sich vollzogen hat und welcher Entwicklungstrend sich abzeichnet.

Die Nachbereitung bezieht sich in erster Linie auf jeden der drei Coachingblöcke in der Durchführungsphase. Ein bis zwei Tage nach Abschluss eines Coachingblocks findet jeweils eine Erhebung mittels eines Online-Fragebogens statt, der in das LMS eingebettet werden kann. Natürlich wäre es möglich diesen jeweils direkt an das Ende der drei Coachingblöcke zu verlagern. Um jedoch Verzerrungseffekten vorzubeugen – da die letzten Erlebnisse in den Coachings die Auswertung überproportional beeinflussen – wird eine leichte Zeitversetzung vorgeschlagen. Die *Reaktionen auf das Coaching* werden also mithilfe eines Fragebogens prozessbegleitend erhoben. Brauchbare, noch zu operationalisierende (Zufriedenheits-)Aspekte können ohne Anspruch auf Vollständigkeit folgende sein:

- organisatorische Bedingungen (z.B. Tagungshotel, Struktur, Meilensteine)
- Begleitung und Betreuung (z.B. Antwortzeit der Coaches beim E-Coaching)
- Ziele (z.B. Klarheit, Realisierbarkeit)
- behandelte Inhalte (z.B. fachliche Korrektheit, fehlende Inhalte, Praxisnähe)
- eingesetzte Methoden (z.B. Sinnhaftigkeit, Team-/ Gruppenarbeit, Portfolio)
- ausgewählte Medien (z.B. Benutzerfreundlichkeit, technische Stabilität, Akzeptanz, Übersichtlichkeit, Passung von Methoden/ Medien)

- Kompetenz der Coaches sowie Bewertung der Coach-Coachee-Beziehung
- subjektive Wahrnehmung der Effektivität des Coachings (Praxisnutzen).

Zusätzlich findet nach dem E-Coaching ein zweiter Fragebogen Anwendung. Dieser bezieht sich auf die vorgelagerte Medienschulung. Er soll die Zufriedenheit mit dieser, die Qualität der Vorbereitung auf das E-Coaching und die subjektive Einschätzung der Entwicklung der Medienkompetenz während des E-Coachings umfassen.

Auf der Stufe des *Lernens* wird ein Pre-Posttest eingesetzt. Der Pretest fand bereits im Vorfeld statt (Kap. 5.4). Nach nochmaliger subjektiver Einschätzung der transformationalen Führungskompetenzen (www.fuehrungskompetenzen.com) im Posttest kann ein *Vorher-Nachher-Ergebnis* ermittelt werden.

Nach ungefähr sechs Monaten erfolgt ein Abschlusscoaching. In Anbetracht der Praktikabilität wird zu einem auditiven Coaching geraten (z.B. via „Skype", „Viber"). Dadurch erfährt der Coachee einen bilanzierenden Rückblick der letzten sechs Monate. Hierbei wird nicht direkt das absolvierte Coaching thematisiert, sondern die Reflexion der letzten sechs Monate nach dem Coaching. Es bietet sich erneut eine digitale systemische Aufstellung an.

Die iFnk haben in dieser Zeit einige Erlebnisse und Erfahrungen gesammelt. Diese gilt es nun aufzunehmen, zu reflektieren und neue Lernprozesse anzustoßen. Während des Abschlusscoachings können beispielhaft folgende Fragen erörtert werden: Wie haben Sie die letzten Monate erlebt? Was war Ihr schlimmstes, was Ihr schönstes Erlebnis? Was war Ihre größte Erkenntnis? Welche Probleme beschäftigen Sie? Wie würden Sie sich selbst, wie Ihre Mitarbeiter Sie heute beschreiben? Wie charakterisieren Sie Ihren Führungsstil? Wie würden Sie das Blended Coaching nach einem halben Jahr Führungserfahrung beschreiben? Was hat Ihnen am meisten geholfen? Was hätten Sie sich rückblickend zur besseren Vorbereitung gewünscht?

So könnte der Coach zu dem Schluss kommen, dass sich die iFnk auf Basis ihrer Schilderungen sehr wohl fühlt, motiviert ist und wertvolle Führungserfahrungen sammeln konnte. Oder der Coach könnte resümieren, dass die iFnk zwar über einen umfangreichen Fundus an Führungswissen verfügt, jedoch nicht in der Lage ist, dieses handlungsleitend in die Praxis umzusetzen und seine Abteilung erfolgreich zu führen. Im letztgenannten Fall sollte der Coach eine Empfehlung für weitere Coachingsitzungen aussprechen, damit sich die iFnk in der Führungsrolle wohlfühlt und das Führungshandeln verbessern kann. Das Abschlusscoaching streift zwar die dritte Stufe des *Transfers* (Tab-4, S. 72), erreicht diese aber keinesfalls, was auch nicht intendiert ist. Vielmehr dient das Abschlusscoaching dazu, einen Entwicklungstrend auszumachen und schließt an die Evaluation der Reaktions- und Lerneffekte an. Die Coaches erhalten hier erste Hinweise zum Lerntransfer, die zusätzlich in die Beurteilung der Pilotierung einfließen. Eine kostenintensive Ergänzung wäre ein sogenannter *Schattentag* (Müller, 2012, S. 92), bei dem der Coach den Coachee für einen Tag im Unternehmen begleitet. Hinsichtlich des hohen Honorars der Coaches (Kap. 5.1.1) kommt ein solcher aller Voraussicht nach nicht für jedes mittelständische Unternehmen infrage. Dennoch unterstützt ein Schattentag das Coaching, da der Coach das Führungsverhalten der iFnk direkt in der Praxis beobachten und somit Verbesserungspotenzial und Handlungsbedarf erkennen kann.

Wenn die Pilotierungsphase abgeschlossen und das Konzept optimiert wurde, sollten vor der nächsten Durchführung Überlegungen hinsichtlich des *Transfers* angestellt werden. Es kommen damit Fragen zur Sichtbarmachung des Zielerreichungsgrades auf. Im Bereich der Diagnose von Führung bzw. der Führungsbeurteilung hat sich das sogenannte *360-Grad-Feedback* (Felfe, 2012, S. 106–108; Kaufel, 2008, S. 11–56) etabliert. Damit soll die Führungskraft aus interner (z.B. unterstellte Mitarbeiter) als auch externer Perspektive (z.B. Kunden) beurteilt werden. Dieses Feedbacksystem findet auch im Coaching Anwendung (Möller & Kotte, 2011; Schreyögg, 2011). Hierzu haben Scherm und Scherer (2012) den Begriff des „multiperspektivischen Kompetenzfeedbacks" (S. 139) vorgeschlagen. Auf diese Weise können Wahrnehmungsverzerrungen reduziert werden, da Selbst- und Fremdbilder miteinander verglichen werden (Scherm & Scherer, 2012, S. 139–140). Nichtsdestotrotz sollte bei der Evaluation von Coaching Folgendes grundsätzlich berücksichtigt werden (Winkler et al., 2013, S. 27):

- Die Auswahl von Evaluationskriterien beeinflusst den Coachingprozess und kann falsche Anreize schaffen.
- Subjektive Einschätzungen beinhalten stets eine Verzerrungsgefahr.
- Die vielfältigen Einflussfaktoren in der Arbeitswelt erschweren die ausschließliche Rückführung auf das Coaching.
- Während des Coachingprozesses können sich Probleme und Ziele verändern, was die Ergebnisfeststellung (Kompetenzmessung) ebenfalls erschwert.

Da *360-Grad-Feedbacks* einen nicht unerheblichen Zeitaufwand in Anspruch nehmen und mittelständische Unternehmen nicht in dem Maße wie Großunternehmen über die dafür benötigten Ressourcen verfügen, wird an dieser Stelle eine Anpassung vorgenommen (Abb-14). Anders als in der Literatur steht hier nicht die Führungskraft im Mittelpunkt, sondern das transformationale Führungshandeln infolge des Coachings und demnach die

Kompetenzentwicklung der iFnk. Hierbei werden Selbst- und Fremdbild erfragt. Wie bildlich dargestellt, partizipieren nebst der iFnk der direkte Vorgesetzte, die unterstellten Mitarbeiter und der Coach. Das Selbstbild wird durch die eigene Sichtweise der iFnk und das Fremdbild durch den direkten Vorgesetzten, die unterstellten Mitarbeiter und den externen Coach erzeugt. Im Coaching hat die Selbsteinschätzung eine hohe Bedeutung. Gerade Führungskräfte sollten sich selbst gut einschätzen können, bevor sie in Halbjahresgesprächen den Anspruch erheben ihre Mitarbeiter zu beurteilen.

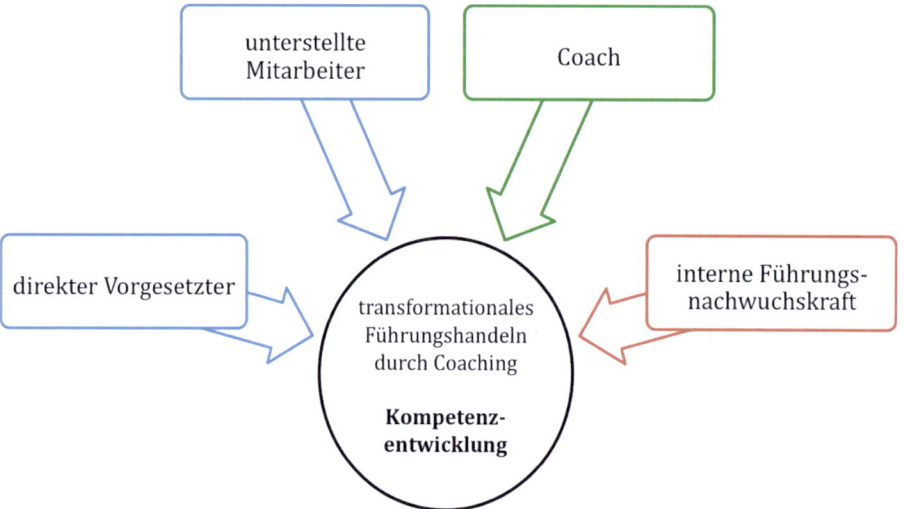

**Abb-14: Perspektiven auf Führungshandeln und Kompetenzentwicklung (Quelle: eigene Darstellung).**

Die konkreten Umgebungen der iFnk müssen in das Kalkül einfließen. Das *360-Grad-Feedback* kann nur erfolgen, wenn die iFnk bereits die Rolle der Führungskraft eingenommen hat. Nur dann ist ein *Vorher-Nachher-Vergleich* durchführbar. Das Konzept muss also etwas später ansetzen (z.B. zwei Wochen). Wenn sich die iFnk in der Übergangsphase befindet und die Führungsposition noch nicht innehat, können der direkte Vorgesetzte sowie unterstellte Mitarbeiter die Art und Weise des Führungshandels nicht beurteilen.

Die vierte Stufe, der *ökonomische Erfolg*, lässt sich nur bedingt messen. Obwohl sich direkte (z.B. Tagungshotel) und indirekte Kosten (z.B. Arbeitsausfallzeit) sehr gut erfassen lassen (Geißler, 2012a, S. 132), ist eine Erfolgsmessung aufgrund der vielen Einflussfaktoren schwierig (z.B. Auftragsdynamik, neue Mitarbeiter, interne Umstrukturierungen). Womöglich lässt sich der wirtschaftliche Nutzen in etwa bestimmen. Die Liste entsprechender Studien ist jedoch sehr kurz und hält ein breites Spektrum an wenig aussagekräftigen Ergebnissen bereit (Greif, 2012; Künzli, 2013). Eine wirtschaftliche Auseinandersetzung würde den bildungswissenschaftlichen Schwerpunkt zudem verfehlen. Zur Komplettierung wurde die vierte Evaluationsstufe dennoch angeführt.

## 5.7 Zusammenfassung

Das Hybridkonzept wurde nach Klärung der Ausgangssituation, des Ziels und des Gesamtaufbaus anhand der Vorbereitung, Durchführung und Nachbereitung dargelegt. In der Ausgangssituation wurden insbesondere die iFnk analysiert. In der Vorbereitungsphase wurde auf eine ausreichende Planungsdauer hingewiesen. Um den gesamten Coachingprozess besser planen zu können, wurden mögliche theoretische Konstrukte für einen Online-Fragebogen herausgearbeitet. Der Schwerpunkt des Konzepts liegt auf der Durchführungsphase, bestehend aus zwei in Präsenz stattfindenden Wochenendterminen und dem mehrwöchigen Verbindungsglied E-Coaching. Die Präsenztermine sind so ausgelegt, dass sie den Schwerpunkt auf themenspezifische und vor allem praktische Team- und Gruppenarbeit legen. Das E-Coaching fokussiert selbstgesteuertes sowie kooperatives und kollaboratives Lernen in Kombination mit zwei Einzelcoachings. Somit wurde versucht die Vorteile hybrider Lernarrangements (Kerres, 2013, S. 412–415) zur Geltung zu bringen und die beiden Lernformate intelligent miteinander zu verweben. In den Präsenzphasen sollen nicht statische Vorträge im Mittelpunkt stehen, sondern vielmehr die Interaktion in der Gruppe. Dies schließt Selbstlernphasen, Coachings und praktische Übungen ein, die zur Entwicklung transformationaler Führungskompetenzen beitragen. Insbesondere im E-Coaching ist der Einsatz neuer Medien unerlässlich. Die Nachbereitungsphase impliziert zwei Erhebungen zur Führungskompetenz. Der erste Messzeitpunkt liegt kurz vor dem ersten Präsenztermin. Der zweite Messzeitpunkt liegt kurz nach dem zweiten Präsenztermin. Daneben wird das Coaching durch eine Prozessevaluation begleitet. Das Blended Coaching Konzept wird durch ein fakultatives Abschlusscoaching abgerundet.

# 6 Schlussbetrachtung

## 6.1 Zusammenfassung und kritische Reflexion

In der vorliegenden Arbeit wurde ein Konzept zur Kompetenzentwicklung von iFnk in mittelständischen Unternehmen in Deutschland entwickelt. In der Einleitung wurde herausgearbeitet, dass heutige Führungskräfte zunehmend vor Herausforderungen stehen. Daraus ergab sich ein Bedarf nach geeigneten Konzepten zur Vorbereitung auf eine Führungsrolle. Vor dem Hintergrund zunehmender Vielfalt im Berufs- und Privatleben erschien es sinnvoll ein möglichst flexibles Konzept zu entwickeln. Daher wurde das in der PuOE mittlerweile weit verbreitete Interventionsformat Coaching herangezogen. Dieses wurde in einem Blended Coaching Konzept verortet, das die Vorteile von Präsenz- und E-Coaching miteinander verbindet.

In *Kapitel 2* wurde das Thema Führung im Kontext der iFnk in mittelständischen Unternehmen erschlossen. Führungsrolle, -erfolg und -handeln sowie transformationale Führung steckten das Kapitel ab. Hierbei zeigte sich, dass der bevorstehende Rollenwechsel vom Kollegen zum Vorgesetzten ein subtiles Unterfangen darstellt. Aufgrund der zahlreichen, meist Wirksamkeit attestierenden Studien zur transformationalen Führung, wurde die Kompetenzentwicklung der iFnk an diesem Modell als geeignet angesehen und daran ausgerichtet. Da das Thema Führung ein breit gefächertes Spektrum an Literatur bereithält, wurde die Selektion erschwert.

Das nächste Kapitel widmete sich den transformationalen Führungskompetenzen und deren Entwicklung durch das Interventionsformat Coaching. Hierbei wurden Begriffsbestimmungen zu Kompetenz und Kompetenzentwicklung herangezogen. Ferner wurden sechs Kompetenzcluster erörtert, die anhand der Studienergebnisse von Pelz (2012, 2013, 2014) empirisch validiert wurden. Diese kennzeichnen im deutschen Sprachraum erfolgreiches transformationales Führungshandeln und lassen sich durch unterschiedliche Methoden entwickeln. Eine abschließende Bewertung der empirischen Untersuchung war aufgrund der unzureichenden Beschreibung der Methodik nicht möglich.

*Kapitel 4* thematisierte das Coaching, also Hilfe zur Selbsthilfe. Dabei wurden klassisches und E-Coaching berücksichtigt. Das modifizierte Berliner Modell wurde als mediendidaktisches Planungsmodell für das Blended Coaching Konzept zugrunde gelegt. Um im Coaching vollständig und erfolgreich zu lernen, müssen bei den iFnk Selbst-, Lern- und Medienkompetenz vorhanden sein. Das Kapitel mündete sodann in den Hauptteil dieser

Arbeit, dem Hybridkonzept zur Kompetenzentwicklung von iFnk. Beim Coaching kam ein ähnlich umfangreicher Literaturbestand zum Vorschein. Hybridkonzepte sind zurzeit eher selten zu finden.

Das Blended Coaching Konzept in *Kapitel 5* ging anfangs auf die Ausgangssituation ein, bei der die Zielgruppe priorisiert wurde. Die Zielstellung und der Gesamtaufbau des Konzepts wurden dargelegt. Daraufhin wurde das Konzept entwickelt, bestehend aus Vorbereitungs-, Durchführungs- und Nachbereitungsphase. Erstere umfasste eine Erhebung der Voraussetzungen der Teilnehmer, eine Medienschulung und eine subjektive Kompetenzerfassung (Selbstbild, Kompetenzerleben). Die Medienschulung galt für die Teilnahme am E-Coaching als unverzichtbar. Zudem wurde auf Anhaltspunkte zur Auswahl eines geeigneten Tagungshotels hingewiesen. In der Durchführungsphase wurde die Aufzeichnung und Veröffentlichung sensibler Daten besprochen. Das E-Coaching wurde von zwei Präsenzterminen umschlossen. Hier wurden die Ziele, Inhalte, Methoden und Medien als auch die Lernorganisation beschrieben. In der Nachbereitung wurde auf Evaluationskriterien eingegangen und ein prozessabschließendes Coaching besprochen. Das Konzept stellt einen Entwurf bereit, der einer Konkretisierung bedarf. Die Abgrenzung der vier Konstanten des Berliner Modells erwies sich im Nachhinein teilweise als schwierig, da aus den neuen Medien auch neue Methoden hervorgehen. Eine strikte Zuordnung der transformationalen Führungskompetenzen zu den Zielen und Inhalten stellte sich als problematisch heraus. Aus diesen übergeordneten Führungskompetenzen wurden daher entsprechende Ziele und Inhalte abgeleitet. Um eine Verbindung zum Führungsalltag herzustellen, wurden praktische Übungen zur Entwicklung transformationaler Führungskompetenzen in das Blended Coaching Konzept aufgenommen. Wünschenswert wäre eine detailgenauere Ausarbeitung des Konzepts gewesen, die in diesem Rahmen jedoch nicht umsetzbar war. Jedoch bietet dies den Vorteil einer individuellen Ausgestaltung.

Das klassische Coaching-Setting ist ein Präsenz-Einzelcoaching. Daher haben andere Settings und E-Coaching dort ihren Ursprung. Da die noch sehr junge Disziplin des Coachings aus der Praxis stammt und gleichsam dafür entwickelt wurde, ist die wissenschaftliche Coachingforschung zweifelsohne nachgelagert und befindet sich noch am Anfang. Demzufolge ist es verständlich, dass verglichen mit anderen traditionellen Forschungsdisziplinen wie der Didaktik oder des *Instructional Design* definitiv Nachholbedarf besteht. Dessen ungeachtet ist es bei einem modernen Format wie Coaching allerdings etwas befremdlich, dass der innovativ-mediale Reichtum noch nicht intensiver ausgeschöpft und konzeptionell eingebettet ist (z.B. in Bezug auf gestalterische Merkmale). Wie in der Arbeit aufgegriffen existieren einige sehr gute Beispiele hinsichtlich der Nutzbarmachung neuer Medien (Kap. 4.5). Wird ein Blick auf die innovativen IKT wie z.B. *Augmented Reality*, *Ubiquitous* und *Cloud Computing* sowie Smartphonetechnologie geworfen, erscheint der angeführte Medieneinsatz weniger aktuell, was keinesfalls die Wirksamkeit schmälern soll. Diese Beispiele liefern erste Impulse für den Facettenreichtum und zukünftigen Realisierungstrend.

Aufgrund des Mangels an einschlägiger Literatur und qualitativ hochwertigen Studien zum Blended Coaching von Führungskräften, stellte die vorliegende Konzeptentwicklung eine anspruchsvolle Aufgabe dar. Des Weiteren handelt es sich um eine interdisziplinäre (Forschungs-)Domäne, sodass neben der Bildungswissenschaft auf andere Wissenschaftszweige wie die Psychologie zugegriffen wurde. Nichtsdestoweniger trägt die Arbeit dazu bei, das theoretisch-konzeptionelle Coachingsegment – insbesondere mit der Zielgruppe der iFnk – in seiner Pionierphase zu unterstützen.

## 6.2   Fazit und Forschungsperspektive

Im Zuge des lebenslangen Lernens weist die Kompetenzentwicklung eine hohe Relevanz auf. An dieser Kompetenzentwicklung können auch iFnk mittelständischer Unternehmen durch Hybridcoaching teilhaben. Die Kompetenzentwicklung iFnk kann dazu beitragen die Arbeitszufriedenheit sowohl der Mitarbeiter als auch der iFnk zu steigern. Die vorliegende Arbeit zeigt, dass es möglich ist ein durchdachtes Blended Coaching Konzept zu entwickeln, das als Impulsgeber für die theoretische und praktische Ausgestaltung fungiert.

Das Blended Coaching Konzept ist in seiner jetzigen Form ein erster Planungsentwurf. Es bedarf vor der Pilotierung, Evaluation und Implementierung einer Präzisierung. Modularisierte Coachingziele und -inhalte können dabei helfen. Das ausgearbeitete Konzept stellt somit eine Grundlage zur Ableitung einer Mikroplanung bereit, um Feinziele und damit ineinandergreifende Inhalte zu formulieren. Experteninterviews können weitere und konkretere Inhalte für das Coaching zu Tage fördern. In der Pilotierung wird die Machbarkeit überprüft, bei der Reaktions- und Lerneffekte festzustellen sind. Die anschließende Evaluationsphase zielt auf den Transfereffekt ab. Eine randomisiert-kontrollierte Studie kann einen wichtigen Beitrag leisten, den Transfereffekt der Kompetenzentwicklung zu ermitteln (Tab-4, S. 72). So könnte eine Gruppe iFnk das eigentliche Blended Coaching Konzept durchlaufen (Interventionsgruppe) und die andere Gruppe würde eine Scheinintervention oder keine Intervention erhalten (Kontrollgruppe). Zeigt die Evaluation einen Effekt, so kann das Konzept implementiert werden. Neben der Integration von Coachees, Coaches und der PuOE ist eine wissenschaftliche Begleitung des Coaching-Projekts unerlässlich.

Soziale Lernplattformen inklusive E-Kompetenzportfolios stellen einen spannenden Forschungsbereich im Führungskräftecoaching dar. Interessant wäre es in diesem Zusammenhang weiter, aus dem E-Kompetenzportfolio automatisch einen kompetenzbasierten (Weiterbildungs-)Lebenslauf zu generieren und diesen in ein Bearbeitungsprogramm (z.B. Microsoft Word, Apple Pages) zu exportieren. Dieser könnte anschließend individuell für verschiedene Zwecke angepasst werden (z.B. Bewerbungsverfahren, Gehaltsverhandlungen, weitere Coachings).

*Mobile Learning* besitzt ein erhebliches Potenzial und gewinnt an Bedeutung. Carstens (2013) geht davon aus, dass zukünftig coachingspezifische Apps konzipiert werden (S. 342). Da sich im Coaching noch keine hinreichenden Standards etabliert haben, wird die Entwicklung qualitativ hochwertiger Apps vermutlich noch eine Weile auf sich warten lassen. Die Delphi-Methode eignet sich, um Entwicklungstrends in der App-Entwicklung zu prognostizieren. Weitere Untersuchungen können dazu beitragen, die zielgerichtete Einbindung von Apps in der Führungskräfteentwicklung und insbesondere im Coaching zu beforschen.

Um die Qualität kontinuierlich zu erhöhen, sollte überdies eine Kooperation von Wissenschaft, Unternehmen (PuOE, Führungskräfte) und Coaches angestrebt werden. Bisherige Studien weisen teils erhebliche methodische Mängel auf. Gerade angesichts des geringen Bestands an aussagekräftigen Studien ist diese Kooperation unerlässlich. Nur so können methodisch einwandfreie Studien durchgeführt werden, die an realen Praxisproblemen ansetzen. Wissenschaft und Praxis dürfen sich nicht als Gegenspieler betrachten, sondern als transparent arbeitendes Team. Gemeinsam wird es ihnen zukünftig möglich sein, für das aus der Praxis kommende und für die Praxis entworfene Coaching nachhaltige konzeptionelle und evaluative Standards zu etablieren, um sich der Professionalität im Coaching unablässig zu nähern.

# Literaturverzeichnis

Abrell, C., Rowold, J., Weibler, J. & Mönninghoff, M. (2011). Evaluation of a Long-term Transformational Leadership Development Program. *Zeitschrift für Personalforschung (ZfP), 25* (3), 205–224.

Akademie für Führungskräfte der Wirtschaft, Johannsen, S. (Mitarbeiter) (2013). *Auf dem Prüfstand. Deutsche Fach- und Führungskräfte über Karriere, Zufriedenheit und Wünsche an den Arbeitsplatz.* Verfügbar unter http://www.die-akademie.de/servlet/servlet.FileDownload?file=015w0000001xg0u (letzter Zugriff: 11.02.2014).

Arnold, R. (2006). Neue Methoden betrieblicher Bildungsarbeit. In R. Arnold & A. Lipsmeier (Hrsg.), *Handbuch der Berufsbildung* (2. Aufl., S. 355–369). Wiesbaden: VS.

Aron-Weidlich, M. (2012). *Essenz der Führung. Wie Sie sich selbst und Ihre Mitarbeiter nachhaltig motivieren, steuern und führen.* Berlin, Heidelberg: Springer.

Asselmeyer, H. & Delkeskamp, J. (2012). Coaching ohne Blickkontakt – Coaching für Führungskräfte als Begleitmaßnahme in einem berufsbegleitenden Weiterbildungsstudiengang. In H. Geißler & M. Metz (Hrsg.), *E-Coaching und Online-Beratung* (S. 41–55). Wiesbaden: VS.

Autorengruppe Bildungsberichterstattung (2012). *Bildung in Deutschland 2012. Ein indikatorgestützter Bericht mit einer Analyse zur kulturellen Bildung im Lebenslauf.* Verfügbar unter http://www.bildungsbericht.de/daten2012/bb_2012.pdf (letzter Zugriff: 15.02.2014).

Avolio, B. J. & Bass, B. M. (1994). Transformational Leadership And Organizational Culture. *International Journal of Public Administration, 17* (3-4), 541–554.

Avolio, B. J. & Bass, B. M. (1995). *Multifactor Leadership Questionnaire. Instrument (Leader and Rater Form) and Scoring Guide (Form 5X-Short).* Verfügbar unter http://apps.fischlerschool.nova.edu/ADRIANA/IRB/uploads/N01369854/DataCollectionInstru-File2.pdf (letzter Zugriff: 21.01.2014).

Baacke, D. (1996). Medienkompetenz – Begrifflichkeit und sozialer Wandel. In A. von Rein (Hrsg.), *Medienkompetenz als Schlüsselbegriff* (Theorie und Praxis der Erwachsenenbildung, S. 112–124). Bad Heilbrunn: Klinkhardt.

Bachmann, G. & Dittler, M. (2004). Integration von E-Learning in die Hochschule: Umsetzung einer gesamtuniversitären Strategie an der Universität Basel. In C. Bremer & K. E. Kohl (Hrsg.), *E-Learning-Strategien und E-Learning-Kompetenzen an Hochschulen* (Blickpunkt Hochschuldidaktik, Bd. 114, S. 47–60). Bielefeld: Bertelsmann.

Ballhausen, H., Süßmuth, B., Blösinger, N. & Schmitz, J. (Towers Watson, Hrsg.) (2012). *Global Workforce Study 2012/2013.* Verfügbar unter http://www.towerswatson.com/DownloadMedia.aspx?media={5CB9041B-3936-4C59-B783-D5CCD486C542} (letzter Zugriff: 11.02.2014).

Barling, J., Weber, T. & Kelloway, E. K. (1996). Effects of Transformational Leadership Training on Attitudinal and Financial Outcomes. A Field Experiment. *Journal of Applied Psychology, 81* (6), 827–832.

Bartscher, T., Stöckl, J., Mierzwa, M. & Kindler, S. (Haufe Akademie & Hochschule Deggendorf, Hrsg.) (2009). *Führungskräftestudie 2009. Work-Life-Balance und Führungsverhalten.* Verfügbar unter http://www.haufe-akademie.de/downloadserver/Presse/StudieWLB.pdf (letzter Zugriff: 05.03.2014).

Bass, B. M. (1990). From transactional to transformational leadership: Learning to share the vision. *Organizational Dynamics, 18* (3), 19–31.

Bass, B. M. (1999). Two Decades of Research and Development in Transformational Leadership. *European Journal of Work and Organizational Psychology, 8* (1), 9–32.

Behringer, F., Bilger, F. & Schönfeld, G. (2013). Segment: Betriebliche Weiterbildung. In BMBF (Hrsg.), *Weiterbildungsverhalten in Deutschland. Resultate des Adult Education Survey 2012* (Theorie und Praxis der Erwachsenenbildung, S. 139–163). Bielefeld: Bertelsmann.

Berninger-Schäfer, E. (2012). Die virtuelle Kollegiale Coaching Konferenz. In H. Geißler & M. Metz (Hrsg.), *E-Coaching und Online-Beratung* (S. 247–260). Wiesbaden: VS.

Bethkenhagen, E. (Kienbaum, Hrsg.) (2013). *Keep on moving – HR immer agiler?! Die steigende Bedeutung von HR-Themen als Chance und Verpflichtung. Ergebnisbericht HR-Trendstudie 2013.* Verfügbar unter http://www.kienbaum.de/Portaldata/3/Resources/documents/downloadcenter/studien/human_resource_management/Ergebnisbericht_HR-Trendstudie2013_final.pdf (letzter Zugriff: 15.02.2014).

Bilger, F., Seidel, S. & Strauß, A. (2013). Kompetenzen in ausgewählten Feldern. In BMBF (Hrsg.), *Weiterbildungsverhalten in Deutschland. Resultate des Adult Education Survey 2012* (Theorie und Praxis der Erwachsenenbildung, S. 310–329). Bielefeld: Bertelsmann.

Blessin, B. & Wick, A. (2014). *Führen und führen lassen. Ansätze, Ergebnisse und Kritik der Führungsforschung* (UTB, Bd. 8532, 7. Aufl.). Konstanz: UVK.

Böhler, C., Lienhardt, C., Robes, J., Sauter, W. & Wessendorf, K. (2013). Webbasiertes Lernen in Unternehmen. Entscheider/innen, Zielgruppen, Lernformen und Erfolgsfaktoren. In M. Ebner & S. Schön (Hrsg.), *L3T Lehrbuch für Lernen und Lehren mit Technologien* (2. Aufl.). Berlin: epubli.

Böning, U. (2013). Topmanagement-Coaching: Formel-1-Coaching oder Business as usual? In E. Lippmann (Hrsg.), *Coaching. Angewandte Psychologie für die Beratungspraxis* (3. Aufl., S. 125–147). Berlin, Heidelberg: Springer.

Böning, U. (2014). Business-Coaching mit Führungskräften. In R. Wegener, M. Loebbert & A. Fritze (Hrsg.), *Coaching-Praxisfelder. Forschung und Praxis im Dialog* (S. 21–42). Wiesbaden: Springer.

Böning, U. & Fritschle, B. (2005). *Coaching fürs Business. Was Coaches, Personaler und Manager über Coaching wissen müssen*. Bonn: managerSeminare.

Bönsch, M. (1992). Adressatenorientierte Didaktik – entwickelt primär als Planungs- und Beratungsdidaktik, sekundär als Vermittlungsdidaktik. In Pädagogische Arbeitsstelle des Deutschen Volkshochschul-Verbandes (Hrsg.), *Didaktische Dimensionen der Erwachsenenbildung. Zusammengestellt von Hans Tietgens* (Studienbibliothek für Erwachsenenbildung, Bd. 2, S. 158–167). Frankfurt a.M.: Pädagog. Arbeitsstelle des DVV.

Bonz, B. (2006). Methoden in der schulischen Berufsbildung. In R. Arnold & A. Lipsmeier (Hrsg.), *Handbuch der Berufsbildung* (2. Aufl., S. 328–341). Wiesbaden: VS.

Borgmann, L. & Rowold, J. (2013). Personalführung: Verhaltensbezogene Ansätze. In J. Rowold (Hrsg.), *Human Resource Management. Lehrbuch für Bachelor und Master* (S. 187–197). Berlin, Heidelberg: Springer.

Bredl, K., Bräutigam, B. & Herz, D. (2012). Avatarbasierte Beratung und Coaching in 3D. In H. Geißler & M. Metz (Hrsg.), *E-Coaching und Online-Beratung* (S. 121–136). Wiesbaden: VS.

Bruns, K. (2013). *Konfliktkompetenz - ein Muss im Führungsalltag,* Ruhr-Univ. Bochum. Arbeitsberichte des Lehrstuhls für Produktionswirtschaft: 12. Verfügbar unter https://www.econstor.eu/dspace/bitstream/10419/83660/1/768440432.pdf (letzter Zugriff: 18.01.2014).

Bürg, O. & Mandl, H. (2004). *Akzeptanz von E-Learning in Unternehmen*. Forschungsbericht Nr. 167, Ludwig-Maximilians-Univ. München. Verfügbar unter http://epub.ub.uni-muenchen.de/328/1/FB_167.pdf (letzter Zugriff: 20.02.2014).

Bürg, O., Kronburger, K. & Mandl, H. (2004). *Implementation von E-Learning in Unternehmen - Akzeptanzsicherung als zentrale Herausforderung*. Forschungsbericht Nr. 170, Ludwig-Maximilians-Univ. München. Verfügbar unter http://epub.ub.uni-muenchen.de/444/1/FB_170.pdf (letzter Zugriff: 20.02.2014).

Bürg, O., Rösch, S. & Mandl, H. (2005). *Die Bedeutung von Merkmalen des Individuums und Merkmalen der Lernumgebung für die Akzeptanz von E-Learning in Unternehmen*. Forschungsbericht Nr. 173, Ludwig-Maximilians-Univ. München. Verfügbar unter http://epub.ub.uni-muenchen.de/561/1/FB_173.pdf (letzter Zugriff: 20.02.2014).

Burns, J. M. (1978). *Leadership* (1st ed). New York: Harper & Row.

Carstens, T. (2013). Der Einsatz von Tablet-Computern im Coaching. *Organisationsberatung, Supervision, Coaching, 20* (3), 333–343.

DBVC (Deutscher Bundesverband Coaching e.V.) (o. J.). *Definition Coaching*. Verfügbar unter http://www.dbvc.de/der-verband/ueber-uns/definition-coaching.html (letzter Zugriff: 24.02.2014).

de Witt, C. & Czerwionka, T. (2007). *Mediendidaktik* (Studientexte für Erwachsenenbildung (DIE)). Bielefeld: Bertelsmann.

Deci, E. L. & Ryan, R. M. (1993). Die Selbstbestimmungstheorie der Motivation und ihre Bedeutung für die Pädagogik. *Zeitschrift für Pädagogik (ZfPäd), 39* (2), 223–238.

Dehnbostel, P. (2008). Lern- und kompetenzförderliche Arbeitsgestaltung. *Berufsbildung in Wissenschaft und Praxis (BWP), 37* (2), 5–8. Verfügbar unter http://www.bibb.de/veroeffentlichungen/de/publication/download/id/1707 (letzter Zugriff: 30.01.2014).

Dehnbostel, P. (2009). Kompetenzentwicklung in der betrieblichen Weiterbildung als Konvergenz von Bildung und Ökonomie? In A. Bolder & R. Dobischat (Hrsg.), *Eigen-Sinn und Widerstand. Kritische Beiträge zum Kompetenzentwicklungsdiskurs* (Bildung und Arbeit, Bd. 1, S. 207–219). Wiesbaden: VS.

Dehnbostel, P. (2010). *Betriebliche Bildungsarbeit. Kompetenzbasierte Aus- und Weiterbildung im Betrieb* (Studientexte Basiscurriculum Berufs- und Wirtschaftspädagogik, Bd. 9). Baltmannsweiler: Schneider Hohengehren. Verfügbar unter http://www.hsu-hh.de/download-1.4.1.php?brick_id=Ouc3tLmmoPF5joHU (letzter Zugriff: 20.02.2014).

Dietrich, S. (2001). Zur Selbststeuerung des Lernens. In Deutsches Institut für Erwachsenenbildung (Hrsg.), *Selbstgesteuertes Lernen in der Weiterbildungspraxis. Ergebnisse und Erfahrungen aus dem Projekt SeGeL* (S. 19–28). Bielefeld: Bertelsmann.

Digel, S. (2013). Netzgestützte Videofallarbeit. Ein didaktisches Konzept zur Kompetenzentwicklung von Lehrenden. *Magazin erwachsenenbildung.at* (20), 81–89. Verfügbar unter http://erwachsenenbildung.at/magazin/13-20/meb13-20.pdf (letzter Zugriff: 27.03.2014).

Dörr, S. L. (2006). *Motive, Einflussstrategien und transformationale Führung als Faktoren effektiver Führung. Ergebnisse einer empirischen Untersuchung mit Führungskräften.* Diss., Univ. Bielefeld. Bielefeld. Verfügbar unter http://pub.uni-bielefeld.de/luur/download?func=downloadFile&recordOId=2304840&fileOId=2304843 (letzter Zugriff: 13.02.2014).

Düppe, A. (2004). *Outdoor-Training als betriebliche Weiterbildungsmaßnahme – unter besonderer Berücksichtigung seiner historischen Entwicklung.* Diss., Univ. d. Bundew. München. Verfügbar unter http://d-nb.info/97285777x/34 (letzter Zugriff: 02.04.2014).

Dütsch, M. & Struck, O. (2013). Geschlossene und offene Beschäftigungssysteme: Eine Analyse der Entwicklungen und Determinanten anhand beruflicher Mobilitätsprozesse. In T. Haipeter, G. Mühge, K. Schmierl & O. Struck (Hrsg.), *Berufliche Qualifikationen. Eine Analyse für offene und geschlossene Beschäftigungssysteme* (S. 157–196). Wiesbaden: Springer.

Dvir, T., Eden, D., Avolio, B. J. & Shamir, B. (2002). Impact of Transformational Leadership on Follower Development and Performance. A Field Experiment. *Academy of Management Journal, 45* (4), 735–744.

Ebner, M., Schön, S., Bäuml-Westebbe, G., Buchem, I., Lehr, C. & Egloffstein, M. (2013). Kommunikation und Moderation. Internetgestützte Kommunikation zur Lernunterstützung. In M. Ebner & S. Schön (Hrsg.), *L3T Lehrbuch für Lernen und Lehren mit Technologien* (2. Aufl.). Berlin: epubli.

Eck, C. D. (2013). Ethische Fragen im Coaching von Führungskräften und Managementgremien. In E. Lippmann (Hrsg.), *Coaching. Angewandte Psychologie für die Beratungspraxis* (3. Aufl., S. 343–361). Berlin, Heidelberg: Springer.

Edelmann, D. (2011). Messung und Zertifizierung von Kompetenzen in der Weiterbildung aus (inter-)nationaler Perspektive. In R. Tippelt & A. von Hippel (Hrsg.), *Handbuch Erwachsenenbildung/Weiterbildung* (5. Aufl., S. 309–326). Wiesbaden: VS.

Elsholz, U. (2013). Ein Portfolio als Chance zur Entwicklung individualisierter Beruflichkeit. *Berufs- und Wirtschaftspädagogik - online (bwp@)* (Spezial 6, 17. Hochschultage Berufliche Bildung). Verfügbar unter http://www.bwpat.de/ht2013/ws01/elsholz_ws01-ht2013.pdf (letzter Zugriff: 19.02.2014).

Elsholz, U. & Knutzen, S. (2010). Der Einsatz von E-Portfolios in der Berufsausbildung – Konzeption und Potenziale. *MedienPädagogik – Zeitschrift für Theorie und Praxis der Medienbildung (18).* Zugriff am 10.04.2014. Verfügbar unter http://www.medienpaed.com/Documents/medienpaed/18/elsholz_knutzen1002.pdf (letzter Zugriff: 10.04.2014).

Erpenbeck, J. & Sauter, W. (2013). *So werden wir lernen! Kompetenzentwicklung in einer Welt fühlender Computer, kluger Wolken und sinnsuchender Netze.* Berlin, Heidelberg: Springer.

Erpenbeck, J. & von Rosenstiel, L. (2007). Vorbemerkung zur 2. Auflage. In J. Erpenbeck & L. von Rosenstiel (Hrsg.), *Handbuch Kompetenzmessung. Erkennen, Verstehen und Bewerten von Kompetenzen in der betrieblichen, pädagogischen und psychologischen Praxis* (2. Aufl.). Stuttgart: Schäffer-Poeschel.

Erpenbeck, J., von Rosenstiel, L. & Grote, S. (2013). Einleitung. In J. Erpenbeck, L. von Rosenstiel & S. Grote (Hrsg.), *Kompetenzmodelle von Unternehmen. Mit praktischen Hinweisen für ein erfolgreiches Management von Kompetenzen* (S. 1–32). Stuttgart: Schäffer-Poeschel.

Euler, D. & Hahn, A. (2007). *Wirtschaftsdidaktik* (UTB, 2. Aufl.). Bern: Haupt.

Fahrenwald, C. (2011). *Erzählen im Kontext neuer Lernkulturen. Eine bildungstheoretische Analyse im Spannungsfeld von Wissen, Lernen und Subjekt.* Wiesbaden: VS.

Faulstich, P. (2001). Förderung selbstgesteuerten Lernens. In Deutsches Institut für Erwachsenenbildung (Hrsg.), *Selbstgesteuertes Lernen in der Weiterbildungspraxis. Ergebnisse und Erfahrungen aus dem Projekt SeGeL* (S. 39–56). Bielefeld: Bertelsmann.

Faust, M. (2002). *Karrieremuster von Führungskräften der Wirtschaft im Wandel. Der Fall Deutschland in vergleichender Perspektive.* SOFI-Mitteilungen Nr. 30, Georg-August-Universität. Göttingen. Verfügbar unter http://sofi.uni-goettingen.de/fileadmin/SOFI-Mitteilungen/Nr._30/faust.pdf (letzter Zugriff: 04.02.2014).

Faust, M., Jauch, P. & Notz, P. (2000). *Befreit und entwurzelt: Führungskräfte auf dem Weg zum „internen Unternehmer"*. München, Mering: Rainer Hampp.

Feld, T. C. (2010). Organisationaler Wandel als Thema der Erwachsenenbildung. In K. Dollhausen, T. C. Feld & W. Seitter (Hrsg.), *Erwachsenenpädagogische Organisationsforschung. Theorie und Empirie lebenslangen Lernens* (Theorie und Empirie Lebenslangen Lernens, S. 45–64). Wiesbaden: VS.

Felfe, J. (2012). *Arbeits- und Organisationspsychologie 2. Führung und Personalentwicklung* (Grundriss der Psychologie, Bd. 24). Stuttgart: Kohlhammer.

Geißler, H. (2011). Vorgesetzten-Coaching – konzeptionelle Klärung und empirische Überprüfung. In M. Stephan & P.-P. Gross (Hrsg.), *Organisation und Marketing von Coaching. Aktueller Stand in Forschung und Praxis* (S. 91–113). Wiesbaden: VS.

Geißler, H. (2012a). Coaching meets Training. Zur Lösung des Transferproblems durch „Virtuelles Coaching" (VTC). In R. Wegener, A. Fritze & M. Loebbert (Hrsg.), *Coaching entwickeln. Forschung und Praxis im Dialog* (2. Aufl., S. 124–135). Wiesbaden: VS.

Geißler, H. (2012b). Virtuelles Coaching – programmgeleitetes Telefoncoaching mit Internetsupport. In H. Geißler & M. Metz (Hrsg.), *E-Coaching und Online-Beratung* (S. 137–164). Wiesbaden: VS.

Geißler, H. (2014). Traditionelle und moderne Medien im Coaching. In R. Wegener, M. Loebbert & A. Fritze (Hrsg.), *Coaching-Praxisfelder. Forschung und Praxis im Dialog* (S. 135–158). Wiesbaden: Springer.

Geißler, H. (Hrsg.) (2008). *E-Coaching* (Grundlagen der Berufs- und Erwachsenenbildung, Bd. 55). Baltmannsweiler: Schneider Hohengehren.

Geißler, H. & Metz, M. (Hrsg.) (2012). *E-Coaching und Online-Beratung*. Wiesbaden: VS.

Geißler, H., Kurzmann, C. & Metz, M. (2012). Coaching und Beratung mit und ohne moderne Medien - ein empirischer Vergleich. In H. Geißler & M. Metz (Hrsg.), *E-Coaching und Online-Beratung* (S. 359–380). Wiesbaden: VS.

Goldfuß, J. W. (2010). *Führen in schwierigen Zeiten. Sicher durch Krisen- und Umbruchsituationen lenken* (Führung als Erfolgsfaktor, Bd. 2, Sonderausg). Frankfurt a. M.: Campus.

Grabow, C. (2012). Virtuelle Strategie-Simulation im Telefoncoaching mit LPScocoon® – ein Coachingkonzept für alle Sinne. In H. Geißler & M. Metz (Hrsg.), *E-Coaching und Online-Beratung* (S. 103–120). Wiesbaden: VS.

Graf, E.-M. (2011). Wirksamkeitsforschung und authentische Coaching-Gesprächsdaten: Ist ‚Veränderung' im Coaching mittels diskursanalytischer Methoden analysierbar? In E.-M. Graf, Y. Aksu, I. Pick & S. Rettinger (Hrsg.), *Beratung, Coaching, Supervision. Multidisziplinäre Perspektiven vernetzt* (S. 133–148). Wiesbaden: VS.

Graf, N. & Edelkraut, F. (2014). *Mentoring. Das Praxisbuch für Personalverantwortliche und Unternehmer*. Wiesbaden: Springer.

Grafe, K. & Krassnitzer, H. (2011). SAP – internes Coaching. In M. Stephan & P.-P. Gross (Hrsg.), *Organisation und Marketing von Coaching. Aktueller Stand in Forschung und Praxis* (S. 204–218). Wiesbaden: VS.

Gräser, P. (2013). *Führen lernen. Der Weg zur Führungskompetenz und zur persönlichen Karriere-Strategie*. Wiesbaden: Gabler.

Greif, S. (2008). *Coaching und ergebnisorientierte Selbstreflexion. Theorie, Forschung und Praxis des Einzel- und Gruppencoachings*. Göttingen: Hogrefe.

Greif, S. (2012). Die wichtigsten Erkenntnisse aus der Coaching-Forschung für die Praxis aufbereitet. In R. Wegener, A. Fritze & M. Loebbert (Hrsg.), *Coaching entwickeln. Forschung und Praxis im Dialog* (2. Aufl., S. 35–44). Wiesbaden: VS.

Gross, P.-P. & Stephan, M. (2012). Die Entwicklung des deutschen Coaching-Marktes und das Marktpotential von Coaching mit neuen Medien – eine ökonomische Analyse. In H. Geißler & M. Metz (Hrsg.), *E-Coaching und Online-Beratung* (S. 319–338). Wiesbaden: VS.

Gunkel, L. (2014). *Akzeptanz und Wirkung von Feedback in Potenzialanalysen. Eine Untersuchung zur Auswahl von Führungsnachwuchs*. Wiesbaden: Springer.

Haller, R. (2012). *Checkbuch für Führungskräfte* (Bd. 187, 2. Aufl.). Freiburg, München: Haufe.

Hammermann, A. & Stettes, O. (Institut der deutschen Wirtschaft Köln, Hrsg.) (2013). *Qualität der Arbeit – zum Einfluss der Arbeitsplatzmerkmale auf die Arbeitszufriedenheit im europäischen Vergleich. IW Trends 2/2013*. Verfügbar unter http://www.dgfp.de/wissen/personalwissen-direkt/dokument/90400/herunterladen (letzter Zugriff: 13.02.2014).

Happich, G. & Classen, M. (2013). Coaching im Mittelstand – Wer ist der Mittelstand? *Organisationsberatung, Supervision, Coaching, 20* (3), 245–259.

Hartmann, M. (2001). Klassenspezifischer Habitus oder exklusive Bildungstitel als soziales Selektionskriterium? Die Besetzung von Spitzenpositionen in der Wirtschaft. In B. Krais (Hrsg.), *An der Spitze. Von Eliten und herrschenden Klassen* (Analyse und Forschung Sozialwissenschaften, S. 157–210). Konstanz: UVK.

Hattendorf, K. (Wertekommission, Hrsg.) (2013). *Führungskräftebefragung 2013. Eine Studie in Zusammenarbeit mit dem Reinhard-Mohn-Institut der Universität Witten/Herdecke.* Verfügbar unter http://www.wertekommission.de/content/pdf/studien/Fuehrungskraeftebefragung_2013.pdf (letzter Zugriff: 22.03.2014).

Heimann, P., Otto, G. & Schulz, W. (Hrsg.) (1965). *Unterricht: Analyse und Planung.* Hannover: Schrödel.

Herber, E., Schmidt-Hertha, B. & Zauchner-Studnicka, S. (2013). Erwachsenen- und Weiterbildung. Technologieeinsatz beim Lernen und Lehren mit Erwachsenen. In M. Ebner & S. Schön (Hrsg.), *L3T Lehrbuch für Lernen und Lehren mit Technologien* (2. Aufl.). Berlin: epubli.

Hochbein, M. (2013). Soziale Kompetenz – was ist das? *Organisationsberatung, Supervision, Coaching, 20* (4), 447–460.

Holst, E., Busch, A. & Kröger, L. (Deutsches Institut für Wirtschaftsforschung, Hrsg.) (2012). *Führungskräfte-Monitor 2012. Update 2001 - 2010.* Politikberatung kompakt: 65. Verfügbar unter http://www.diw.de/documents/publikationen/73/diw_01.c.407592.de/diwkompakt_2012-065.pdf (letzter Zugriff: 05.03.2014).

Howe, F. & Knutzen, S. (2007). *Die Kompetenzwerkst@tt. Ein berufswissenschaftliches E-Learning-Konzept.* Göttingen: Cuvillier.

Initiative Mittelstand (2008). *Innovationspreis für virtuelles Business-Coaching. Das Coaching-Tool LPScocoon ermöglicht weltweit erstmals eine systemische Aufstellung online.* Verfügbar unter http://www.imittelstand.de/themen/presse.html?boxid=171621 (letzter Zugriff: 20.03.2014).

Kaehler, B. (2014). *Komplementäre Führung. Ein praxiserprobtes Modell der organisationalen Führung.* Wiesbaden: Springer.

Kappelhoff, P. (2004). *Kompetenzentwicklung in Netzwerken. Die Sicht der Komplexitäts- und allgemeinen Evolutionstheorie.* Verfügbar unter http://kappelhoff.wiwi.uni-wuppertal.de/fileadmin/kappelhoff/Downloads/Veroeffentlichungen/komplex_2004.pdf (letzter Zugriff: 05.03.2014).

Kaufel, S. (2008). *Verhaltensentwicklung bei Führungskräften. Empirische Untersuchung zur Wirkung von Coaching.* Diss., Helmut-Schmidt-Univ. Hamburg. Verfügbar unter http://edoc.sub.uni-hamburg.de/hsu/volltexte/2009/1869/pdf/2009_Kaufel.pdf (letzter Zugriff: 17.01.2014).

Kauffeld, S. (2010). *Nachhaltige Weiterbildung. Betriebliche Seminare und Trainings entwickeln, Erfolge messen, Transfer sichern.* Berlin, Heidelberg: Springer.

Kaufmann, K. (2012). *Informelles Lernen im Spiegel des Weiterbildungsmonitorings.* Wiesbaden: Springer.

Kauschke, J. (2012). Implementierung von Virtuellem Coaching zur Steigerung der Trainings- und Beratungseffizienz. In H. Geißler & M. Metz (Hrsg.), *E-Coaching und Online-Beratung* (S. 165–179). Wiesbaden: VS.

Kern, H. & Schmidt, D. (2001). *Nutzen und Chancen des Outdoor-Trainings. Eine Methodentriangulation zur Überprüfung des Praxistransfers im betrieblichen Kontext.* Diss., Univ. Bielefeld. Bielefeld. Verfügbar unter http://pub.uni-bielefeld.de/luur/download?func=downloadFile&recordOId=2302084&fileOId=2302089 (letzter Zugriff: 02.04.2014).

Kerres, M. (2013). *Mediendidaktik. Konzeption und Entwicklung mediengestützter Lernangebote* (4. Aufl.). München: De Gruyter.

Kiel, E. (2010). Unterrichtsforschung. In R. Tippelt & B. Schmidt (Hrsg.), *Handbuch Bildungsforschung* (3. Aufl., S. 773–790). Wiesbaden: VS.

Kirkpatrick, D. L. (1998). The Four Levels of Evaluation. In S. M. Brown & C. J. Seidner (Hrsg.), *Evaluating Corporate Training: Models and Issues* (Evaluation in Education and Human Services, S. 95–112). New York: Springer.

Klutmann, B. (2013). *Führung. Übungen für das Training mit Führungskräften* (2. Aufl.). Hamburg: Windmühle.

Knatz, B. (2012). Coaching per Internet – wie es geht und wie es wirkt. In H. Geißler & M. Metz (Hrsg.), *E-Coaching und Online-Beratung* (S. 71–86). Wiesbaden: VS.

Kneer, W. (2005). *Befunde vermittelter und bewerteter Führung. Eine empirische Untersuchung über die Zusammenhänge von vermittelter und bewerteter Führung zur Identifikation von erfolgsbedingenden Führungsaspekten – am Beispiel eines Wirtschaftsunternehmens der Automobilbranche.* Diss., Univ. Oldenburg. Oldenburg. Verfügbar unter http://oops.uni-oldenburg.de/506/1/knebef05.pdf (letzter Zugriff: 17.01.2014).

Koch, B. (2012). ‚onlineCoaching': ein geschriebener Dialog unabhängig von Zeit und Raum. In H. Geißler & M. Metz (Hrsg.), *E-Coaching und Online-Beratung* (S. 87–100). Wiesbaden: VS.

Kotter, J. P. (Havard Business Manager, Hrsg.) (2013). *Change-Management. Die Kraft der zwei Systeme.* Verfügbar unter http://www.harvardbusinessmanager.de/heft/artikel/a-866850.html (letzter Zugriff: 27.01.2014).

Kriz, W. C. & Nöbauer, B. (2008). *Teamkompetenz. Konzepte, Trainingsmethoden, Praxis* (4. Aufl.). Göttingen: Vandenhoeck & Ruprecht.

Krüger-Hemmer, C. (2013). Bildung. Bildungsbeteiligung, Bildungsniveau und Bildungsbudget. In Statistisches Bundesamt (Hrsg.), *Datenreport 2013. Ein Sozialbericht für die Bundesrepublik Deutschland* (S. 69–92). Bonn. Verfügbar unter https://www.destatis.de/DE/Publikationen/Datenreport/Downloads/Datenreport2013Kap3.pdf?__blob=publicationFile (letzter Zugriff: 01.04.2014).

Kühl, S. (2008). *Coaching und Supervision. Zur personenorientierten Beratung in Organisationen* (Lehrbuch). Wiesbaden: VS.

Kuhlmann, A. M. & Sauter, W. (2008). *Innovative Lernsysteme. Kompetenzentwicklung mit Blended Learning und Social Software* (X.media.press). Berlin, Heidelberg: Springer.

Künzli, H. (2013). Wirksamkeitsforschung im Führungskräftecoaching. In E. Lippmann (Hrsg.), *Coaching. Angewandte Psychologie für die Beratungspraxis* (3. Aufl., S. 370–385). Berlin, Heidelberg: Springer.

Laukamp, L. H. (2008). *Good, Better, Best! - Führungsstile und wirtschaftliche Leistung.* Diss., Westfälische Wilhelms-Univ. Münster. Verfügbar unter http://miami.uni-muenster.de/servlets/DerivateServlet/Derivate-4846/diss_laukamp.pdf (letzter Zugriff: 13.02.2014).

Lenz, C. (2009). *Akzeptanz von E-Learning in KMU.* Diss., Univ. Erfurt. Erfurt. Verfügbar unter http://d-nb.info/999664999/34 (letzter Zugriff: 19.02.2014).

Lippmann, E. (2013a). Grundlagen auf der Basis eines systemisch-lösungsorientierten Beratungsansatzes. In E. Lippmann (Hrsg.), *Coaching. Angewandte Psychologie für die Beratungspraxis* (3. Aufl., S. 13–52). Berlin, Heidelberg: Springer.

Lippmann, E. (2013b). Hilfestellungen für beide Seiten. In E. Lippmann (Hrsg.), *Coaching. Angewandte Psychologie für die Beratungspraxis* (3. Aufl., S. 455–463). Berlin, Heidelberg: Springer.

Loebbert, M. (2014). Praxisfelder im Coaching. In R. Wegener, M. Loebbert & A. Fritze (Hrsg.), *Coaching-Praxisfelder. Forschung und Praxis im Dialog* (S. 197–216). Wiesbaden: Springer.

Lohaus, D. & Habermann, W. (2011). *Weiterbildung im Mittelstand. Personalentwicklung und Bildungscontrolling in kleinen und mittleren Unternehmen.* München: Oldenbourg.

Löhner, M. (2009). *Führung neu denken. Das Drei-Stufen-Konzept für erfolgreiche Manager und Unternehmen* (Kompetent managen, Bd. 3, Sonderausg). Frankfurt a. M.: Campus.

Loos, W. (1992). Coaching im Kontext von Organisations- und Personalentwicklung. Zusammenfassender Bericht aus zwei Workshops. In R. Wimmer (Hrsg.), *Organisationsberatung. Neue Wege und Konzepte* (S. 170–175). Wiesbaden: Gabler.

Meier, A. S. & Laux, L. (2014). Persönlichkeitszentriertes Innovationscoaching in der Anwendung. In B. Schültz, P. Strothmann, C. T. Schmitt & L. Laux (Hrsg.), *Innovationsorientierte Personalentwicklung. Konzepte, Methoden und Fallbeispiele für die Praxis* (S. 135–160). Wiesbaden: Springer.

Minssen, H. (2012). *Arbeit in der modernen Gesellschaft. Eine Einführung* (Studientexte zur Soziologie). Wiesbaden: VS.

Mintzberg, H. (2011). *Managen. Aus dem Amerikanischen von Nikolas Bertheau* (2. Aufl.). Offenbach: Gabal.

Möller, H. & Kotte, S. (2011). Die Zukunft der Coachingforschung. *Organisationsberatung, Supervision, Coaching, 18* (4), 445–456.

Müller, G. (2012). *Systemisches Coaching im Management. Das Praxisbuch für Neueinsteiger und Profis* (3. Aufl.). Weinheim: Beltz.

Niederstadt, J. (2011, 29. August). Star Wars. Talentmanagement. *WirtschaftsWoche, 35,* S. 72–75.

Nink, M. (Gallup, Hrsg.) (2013). *Engagement Index Deutschland 2012. Pressegespräch.* Verfügbar unter http://www.gallup.com/file/strategicconsulting/160904/Engagement%20Index%20Pr%C3%A4sentation%202012.pdf (letzter Zugriff: 11.02.2014).

Nistor, N., Schnurer, K. & Mandl, H. (2005). *Akzeptanz, Lernprozess und Lernerfolg in virtuellen Seminaren – Wirkungsanalyse eines problemorientierten Seminarkonzepts.* Forschungsbericht Nr. 174, Ludwig-Maximilians-Univ. München. Verfügbar unter http://epub.ub.uni-muenchen.de/562/1/FB_174.pdf (letzter Zugriff: 20.02.2014).

Pelz, W. (2012). Transformationale Führung. Eine Weiterentwicklung des Führens mit Zielvereinbarungen. Zusammenfassende Ergebnisse einer empirischen Studie mit 4.107 Teilnehmern. *interview Magazin* (4), 42–44. Verfügbar unter http://management-innovation.com/download/Transformationale-Fuehrung.pdf (letzter Zugriff: 11.02.2014).

Pelz, W. (2013). Auf die Probe gestellt. *personalmagazin* (1), 36–38. Verfügbar unter http://zeitschriften.haufe.de/ePaper/personalmagazin/2013/B1F708C5/index.html#/36/ (letzter Zugriff: 22.01.2014).

Pelz, W. (2014). *Transformationale Führung. Das Gießener Inventar der Transformationalen Führungskompetenzen (GITF).* Verfügbar unter http://www.transformationale-fuehrung.com/Transfromationale-Fuehrung-Inventar.pdf (letzter Zugriff: 12.03.2014).

Peterßen, W. H. (2000). *Handbuch Unterrichtsplanung. Grundfragen, Modelle, Stufen, Dimensionen* (9. Aufl.). München: Oldenbourg.

Pinnow, D. F. (2012). *Führen. Worauf es wirklich ankommt* (6. Aufl.). Wiesbaden: Springer.

Podsakoff, P. M., MacKenzie, S. B., Moorman, R. H. & Fetter, R. (1990). Transformational leader behaviors and their effects on followers' trust in leader, satisfaction, and organizational citizenship behaviors. *The Leadership Quarterly, 1* (2), 107–142.

Pohl, M. (2010). Teil I. Die Kunst des Coaching. In M. Pohl & H. Fallner (Hrsg.), *Coaching mit System. Die Kunst nachhaltiger Beratung* (4. Aufl., S. 17–86). Wiesbaden: VS.

Pongratz, H. J. & Voß, G. G. (2003). *Arbeitskraftunternehmer. Erwerbsorientierungen in entgrenzten Arbeitsformen* (Forschung aus der Hans-Böckler-Stiftung, Bd. 47). Berlin: Ed. Sigma.

Raithel, J., Dollinger, B. & Hörmann, G. (2009). *Einführung Pädagogik. Begriffe · Strömungen · Klassiker · Fachrichtungen* (3. Aufl.). Wiesbaden: VS.

Rathgeber, K. (2005). *270°-Beurteilung von Führungsverhalten: Interperspektivische Übereinstimmung und ihr Zusammenhang mit Erfolg. Eine Befragung in der Automobilindustrie.* Diss., Techn. Univ. Chemnitz. Chemnitz. Verfügbar unter http://d-nb.info/980572444/34 (letzter Zugriff: 22.01.2014).

Rauen, C. (2003). Unterschiede zwischen Coaching und Psychotherapie. *Organisationsberatung, Supervision, Coaching, 10* (3), 289–292.

Rauen, C. (2005). Der Ablauf eines Coaching-Prozesses. In C. Rauen (Hrsg.), *Handbuch Coaching* (Innovatives Management, 3. Aufl., S. 273–288). Göttingen: Hogrefe.

Reindl, R., Hergenreider, M. & Hünniger, J. (2012). Schriftlichkeit in virtuellen Beratungssettings. In H. Geißler & M. Metz (Hrsg.), *E-Coaching und Online-Beratung* (S. 339–357). Wiesbaden: VS.

Reinmann, G. (2013). Didaktisches Handeln. Die Beziehung zwischen Lerntheorien und Didaktischem Design. In M. Ebner & S. Schön (Hrsg.), *L3T Lehrbuch für Lernen und Lehren mit Technologien* (2. Aufl.). Berlin: epubli.

Riedelbauch, K. (2011). *Theorie und Förderung transformationaler Führung. Selbstdarstellungstheoretische Interpretation und Wirksamkeit von Gruppenworkshops und Einzelcoachings.* Diss., Otto-Friedrich-Univ. Bamberg. Verfügbar unter http://opus4.kobv.de/opus4-bamberg/files/284/Diss_RiedelbauchseA2.pdf (letzter Zugriff: 19.02.2014).

Rinn, U. & Bett, K. (Leibniz-Institut für Wissensmedien, Hrsg.) (2006). *Blended Concepts: Hybride Beratungs- und Qualifizierungs-Angebote für Hochschullehrende.* Verfügbar unter http://www.e-teaching.org/projekt/personal/beratung/Rinn_Bett_2005.pdf (letzter Zugriff: 18.02.2014).

Rowold, J. & Heinitz, K. (2007). Transformational and charismatic leadership: Assessing the convergent, divergent and criterion validity of the MLQ and the CKS. *The Leadership Quarterly, 18* (2), 121–133.

Sauter, W. & Sauter, S. (2013). *Workplace Learning. Integrierte Kompetenzentwicklung mit kooperativen und kollaborativen Lernsystemen.* Berlin, Heidelberg: Springer.

Schawinsky, K. (Institut der deutschen Wirtschaft Köln, Hrsg.) (2013). *Arbeitszufriedenheit. Ein guter Chef wirkt Wunder.* Köln (Pressemitteilung Nr. 31 (01.07.2013)). Verfügbar unter http://www.etracker.de/lnkcnt.php?et=lKbSM9&url=http%3A%2F%2Fwww.iwkoeln.de%2F_storage%2

Fasset%2F117764%2Fstorage%2Fmaster%2Ffile%2F3128830%2Fdownload%2FPresse31_13.pdf &lnkname=Ausgabe%3A%20Pressemitteilung_2013_31_online (letzter Zugriff: 10.02.2014).

Scheelen, F. M. & Bigby, D. G. (2011). *Kompetenzorientierte Unternehmensentwicklung. Erfolgreiche Personalentwicklung mit Kompetenzdiagnostiktools*. Freiburg: Haufe.

Schelleck, K. (2012). Online-Beratung in der verbandlichen Caritas. In H. Geißler & M. Metz (Hrsg.), *E-Coaching und Online-Beratung* (S. 61–69). Wiesbaden: VS.

Scherm, M. & Scherer, S. (2012). Feedbacksysteme im Coachingprozess. Forschungsergebnisse und Praxis. In R. Wegener, A. Fritze & M. Loebbert (Hrsg.), *Coaching entwickeln. Forschung und Praxis im Dialog* (2. Aufl., S. 136–147). Wiesbaden: VS.

Schiersmann, C. & Thiel, H.-U. (2014). *Organisationsentwicklung. Prinzipien und Strategien von Veränderungsprozessen* (4. Aufl.). Wiesbaden: Springer.

Schiessler, B. (2010). *Coaching als Maßnahme der Personalentwicklung. Aktuelle Praxis, Analyse und wissenschaftlicher Ansatz für eine einheitliche Coachingmethodik*. Wiesbaden: VS.

Schmidt-Lellek, C. J. (2003). Coaching und Psychotherapie — Differenz und Konvergenz. *Organisationsberatung, Supervision, Coaching, 10* (3), 227–234.

Schneider-Ströer, J. (2011). Schriftbasiertes E-Coaching: Einsatzfelder, Rahmenbedingungen und Grenzen - Eine Befragung im deutschsprachigen Raum. *e-beratungsjournal.net, 7* (1). Verfügbar unter http://www.e-beratungsjournal.net/ausgabe_0111/schneider.pdf (letzter Zugriff: 09.03.2014).

Schneider, H. & Kauffeld, S. (2011). Einflussnahme in Beratungssituationen? Entwicklung des Beobachtungs- und Analyseverfahrens act4strategies. In E.-M. Graf, Y. Aksu, I. Pick & S. Rettinger (Hrsg.), *Beratung, Coaching, Supervision. Multidisziplinäre Perspektiven vernetzt* (S. 189–201). Wiesbaden: VS.

Schrehardt, N. (2012). Coaching per Mobile App – nein danke. *wirtschaft + weiterbildung* (7), 48–53. Verfügbar unter http://www.haufe.de/download/wirtschaft-weiterbildung-ausgabe-782012-wirtschaft-weiterbildung-123074.pdf (letzter Zugriff: 31.03.2014).

Schreyögg, A. (2003). Die Differenzen zwischen Supervision und Coaching. *Organisationsberatung, Supervision, Coaching, 10* (3), 217–226.

Schreyögg, A. (2010). *Coaching für die neu ernannte Führungskraft* (2. Aufl.). Wiesbaden: VS.

Schreyögg, A. (2011). Möglichkeiten der Evaluation von Coaching. *Organisationsberatung, Supervision, Coaching, 18* (1), 89–96.

Schreyögg, B. & Nazlic, T. (2012). Kommunikationsthemen im Coaching. *Organisationsberatung, Supervision, Coaching, 19* (1), 69–78.

Sczesny, S. (2003). Führungskompetenz: Selbst- und Fremdwahrnehmung weiblicher und männlicher Führungskräfte. *Zeitschrift für Sozialpsychologie, 34* (3), 133–145.

Seliger, R. (2013). *Das Dschungelbuch der Führung. Ein Navigationssystem für Führungskräfte* (4. Aufl.). Heidelberg: Carl-Auer.

Seufert, S. & Meier, C. (2013). E-Learning in Organisationen. Nachhaltige Einführung von Bildungsinnovation. In M. Ebner & S. Schön (Hrsg.), *L3T Lehrbuch für Lernen und Lehren mit Technologien* (2. Aufl.). Berlin: epubli.

Siegrist, R. (2013). E-Coaching. In E. Lippmann (Hrsg.), *Coaching. Angewandte Psychologie für die Beratungspraxis* (3. Aufl., S. 395–406). Berlin, Heidelberg: Springer.

Staehle, W. H. (1999). *Management. Eine verhaltenswissenschaftliche Perspektive* (Vahlens Handbücher der Wirtschafts- und Sozialwiss., 8. Aufl.). München: Vahlen (überarb. von Peter Conrad u. Jörg Sydow).

Staker, H. & Horn, M. B. (2012). *Classifying K–12 Blended Learning,* Innosight Institute. Verfügbar unter http://www.innosightinstitute.org/innosight/wp-content/uploads/2012/05/Classifying-K-12-blended-learning2.pdf (letzter Zugriff: 18.02.2014).

Stark, G. (2009). *Kompetenzermittlung im Rahmen der betrieblichen Weiterbildung. Expertise im Auftrag des zbw Zentrum für betriebliches Weiterbildungsmanagement f-bb / BayME / VBM*. Verfügbar unter http://www.f-bb.de/fileadmin/Materialien/Instrumente/Kompetenzermittlung.pdf (letzter Zugriff: 05.03.2014).

Statista (2014). *Anzahl der angebotenen Apps in den Top App-Stores im Juli 2013*. Verfügbar unter http://de.statista.com/statistik/daten/studie/208599/umfrage/anzahl-der-apps-in-den-top-app-stores/ (letzter Zugriff: 31.03.2014).

Steiner, F. & Felten, M. (2013). Führung heißt transformieren können. *Versicherungswirtschaft, 68* (4), 51–53.

Stephan, M. & Gross, P.-P. (2013). *Zusammenfassung Coaching-Marktanalyse 2013. Ergebnisse der 3. Marburger Coaching-Studie 2013.* Verfügbar unter http://www.coachcommunity.de/networks/files/download.162286 (letzter Zugriff: 10.03.2014).

Stettes, O. (Institut der deutschen Wirtschaft Köln, Hrsg.) (2011). *Berufliche Mobilität – gesamtwirtschaftliche Evidenz und indi- viduelle Einflussfaktoren.* Verfügbar unter http://www.etracker.de/lnkcnt.php?et=lKbSM9&url=http%3A%2F%2Fwww.iwkoeln.de%2F_storage%2Fasset%2F58149%2Fstorage%2Fmaster%2Ffile%2F458925%2Fdownload%2Ftrends04_11_3.pdf&lnkname=trends04_11_3.pdf (letzter Zugriff: 03.02.2014).

Streich, R. K. (2013). *Fit for Leadership. Entwicklungsfelder zur Führungspersönlichkeit.* Wiesbaden: Springer.

Strikker, H. & Strikker, F. (2011). Komplementär-Coaching: Herausforderungen an Coaching im Change und in der Krise. In B. Birgmeier (Hrsg.), *Coachingwissen* (2. Aufl., S. 339–353). Wiesbaden: VS.

Tannenbaum, R. & Schmidt, W. H. (1958). How to Choose a Leadership Pattern. *Havard Business Review, 36* (2), 95–101.

Taraghi, B., Ebner, M. & Schön, S. (2013). Systeme im Einsatz. WBT, LMS, E-Portfolio-Systeme, PLE und andere. In M. Ebner & S. Schön (Hrsg.), *L3T Lehrbuch für Lernen und Lehren mit Technologien* (2. Aufl.). Berlin: epubli.

Thommen, J.-P. (2008). *Lexikon der Betriebswirtschaft. Managementkompetenz von A bis Z* (4. Aufl.). Zürich: Versus.

Tonhäuser, C. (2010). *Implementierung von Coaching als Instrument der Personalentwicklung in deutschen Großunternehmen* (Forum Personalmanagement, Bd. 9). Frankfurt a.M.: Peter Lang.

Vogelauer, W. (2013). Coach the Coach: Weiter- und Fortbildung von Profis. In E. Lippmann (Hrsg.), *Coaching. Angewandte Psychologie für die Beratungspraxis* (3. Aufl., S. 304–315). Berlin, Heidelberg: Springer.

Voggenreiter, G. (2013). Work-Life-Balance. In M. Landes & E. Steiner (Hrsg.), *Psychologie der Wirtschaft* (S. 197–216). Wiesbaden: Springer.

Watzlawick, P. (Trude Trunk, Hrsg.) (2011). *Man kann nicht nicht kommunizieren. Ein Lesebuch* (mit einem Vorwort von Friedemann Schulz von Thun). Bern: Huber.

Weiß, R. (2012). Medienkompetenz als neue Kulturtechnik. *Berufsbildung in Wissenschaft und Praxis (BWP), 41* (3), 3–5. Verfügbar unter http://www.bibb.de/veroeffentlichungen/de/publication/download/id/6884 (letzter Zugriff: 20.02.2014).

Weisweiler, S., Dirscherl, B. & Braumandl, I. (2013). *Zeit- und Selbstmanagement. Ein Trainingsmanual - Module, Methoden, Materialien für Training und Coaching. Arbeitsmaterialien im Web.* Berlin, Heidelberg: Springer.

Wilbers, K. (2012). Entwicklung der Kompetenzen von Lehrkräften berufsbildender Schulen für digitale Medien. *Berufsbildung in Wissenschaft und Praxis (BWP), 41* (3), 38–41. Verfügbar unter http://www.bibb.de/veroeffentlichungen/de/publication/download/id/6884 (letzter Zugriff: 20.02.2014).

Winkler, B., Lotzkat, G. & Welpe, I. M. (2013). Wie funktioniert Führungskräfte-Coaching? Orientierungshilfe für ein unübersichtliches Beratungsfeld. *OrganisationsEntwicklung* (3), 23–33. Verfügbar unter http://www.strategy.wi.tum.de/fileadmin/tuwib17/www/Gesche/ZOE_3_13_ZOE_Winkler_et_al.pdf (letzter Zugriff: 08.03.2014).

Winter, C. (2005). Mediation und Coaching – ein Vergleich. *Organisationsberatung, Supervision, Coaching, 12* (3), 205–216.

Withauer, K. F. (2011). *Führungskompetenz und Karriere. Begleitbuch zum Stufen-Weg ins Topmanagement.* Wiesbaden: Gabler.

Wollsching-Strobel, P. & Sternecker, P. (2012). Talentmanagement in Unternehmen: Professionelle Nachwuchsförderung. In P. Wollsching-Strobel & B. Prinz (Hrsg.), *Talentmanagement mit System. Von Top-Performern lernen - Leistungsträger im Unternehmen wirksam unterstützen. Der PWS-Ansatz* (S. 89–113). Wiesbaden: Springer.

Yukl, G. A. (2013). *Leadership in organizations* (8. Aufl.). Boston [u.a.]: Pearson.

Ziemons, M. (2012). Blended Business Coaching. *Organisationsberatung, Supervision, Coaching, 19* (2), 217–225.

# Anhang: Zusätzliche Abbildungen und Tabellen

A-1    HR-Trends (Wie stark werden die folgenden Aufgaben das Personalmanagement in Ihrem Unternehmen in den nächsten drei Jahren prägen?)

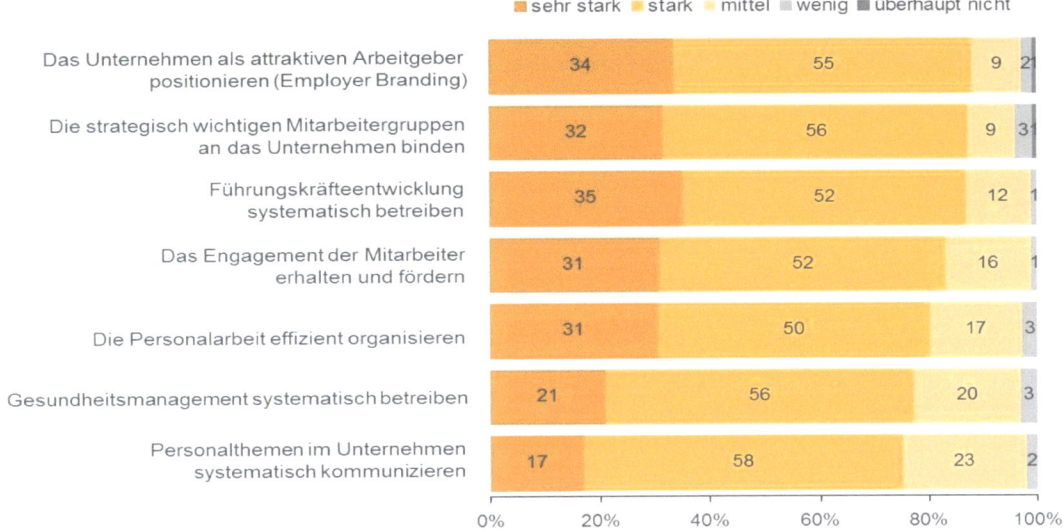

Quelle: Deutsche Gesellschaft für Personalführung, 2013, S. 10, URL
http://static.dgfp.de/assets/publikationen/2013/DGFP-Studie-Megatrends-und-HR-Trends2013.pdf (letzter Zugriff: 19.03.2014).

A-2    Chief Executive Officer (CEO) mit Kaminkarriere in Deutschland

Figure 2    Proportion of CEOs with an in-house career, in percent

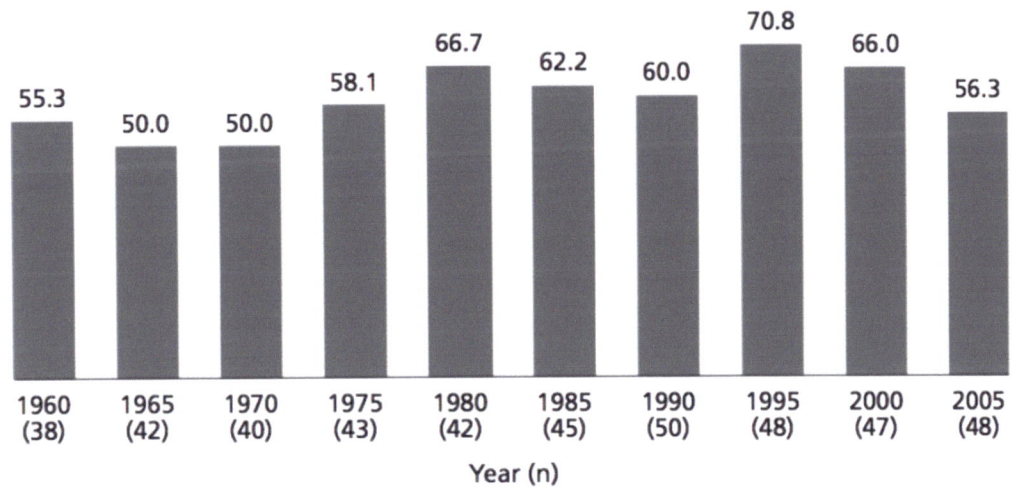

Quelle: Freye, 2010, S. 20, URL http://www.mpifg.de/pu/mpifg_dp/dp10-10.pdf (letzter Zugriff: 04.02.2014).

## A-3 Rollenübernahme

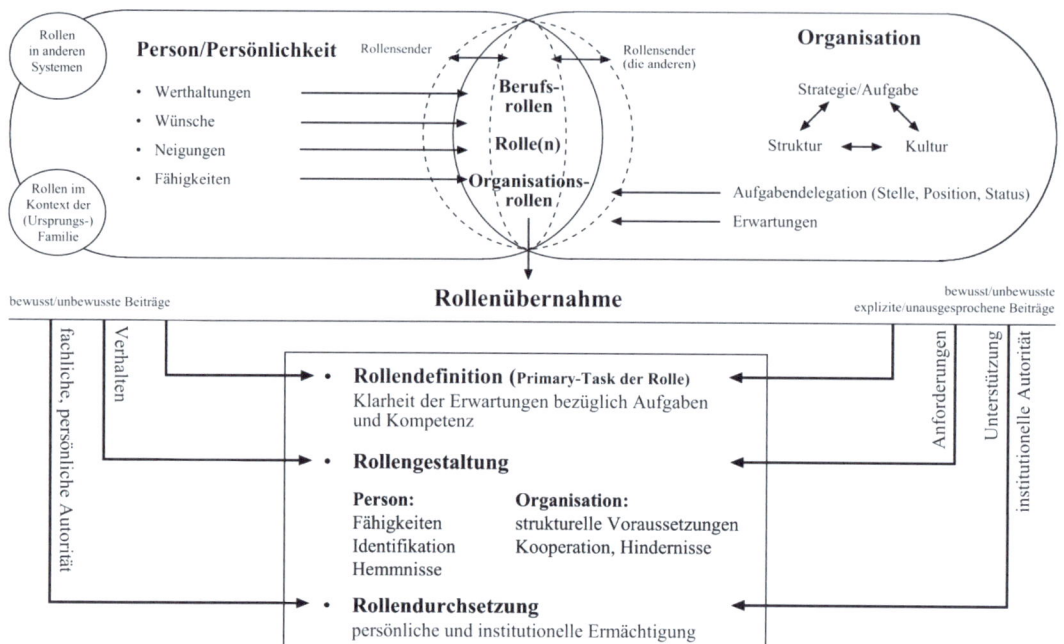

Quelle: Lippmann, 2013a, S. 26.

## A-4 Was beeinflusst ihr Wohlbefinden am Arbeitsplatz?

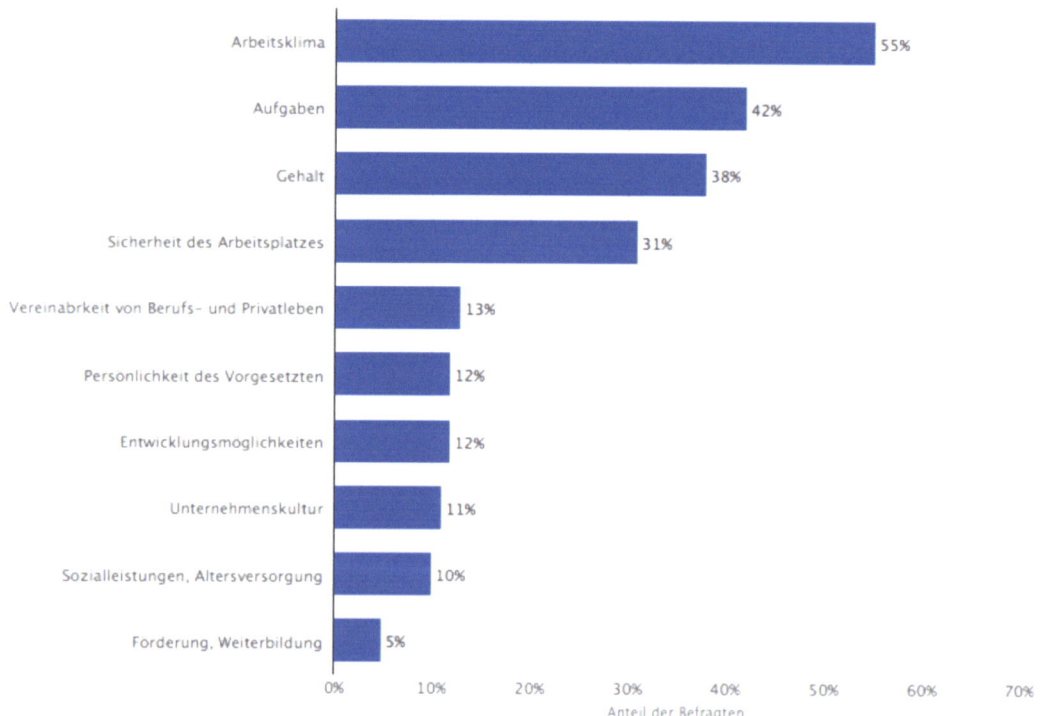

Quelle: Statista, 2014, URL http://de.statista.com/statistik/daten/studie/161885/umfrage/wohlbefinden-der-arbeitnehmer-am-arbeitsplatz/ (letzter Zugriff: 15.02.2014).

## A-5 Coaching im Vergleich mit Supervision und Organisationsberatung

| | Coaching | Supervision | Organisationsberatung |
|---|---|---|---|
| **Herkunft und Tradition** | Betreuung von Hochleistungs-sportlern; Führung wird unter-stützt, Macht und Hierarchie ak-zeptiert; Focus liegt auf dem Funktionsträger; Konflikte sind durch Führungskraft zu lösen und als top-down-Strategie im Unternehmen umzusetzen | Qualifikation und Motivation von Sozialarbeiter/innnen in den USA; Humanisierungsge-danke steht im Vordergrund: Betroffene zu Beteiligten ma-chen | Aktionsforschung und Anwen-dung von Methoden zur Grup-penarbeit; Partizipationsmodell: Betroffene zu Beteiligten ma-chen |
| **Zielgruppe** | Einzelpersonen des Manage-ments (Führende), Zweier-Set-ting | Alle Konfliktparteien eines Teams einschließlich Führung | Gesamtes Team einschließlich Führung |
| **Spezifische Vorgehens-weise** | Diagnose und Bearbeitung von persönlichen Wahrnehmungs- und Verhaltenseinschränkungen; Verbesserung von sozialen und Managementkompetenzen, er-schließen von Gestaltungspo-tenzial | Suche nach kleinstem ge-meinsamen Gruppennenner, Klärung der gestörten interper-sonellen Beziehungen: Welche Unterstützung brauchen die Konfliktparteien? Kompetenz-verbesserung der Betroffenen | Klärung des Beratungsauftrags; Focus ist auf Strukturen gerich-tet; indirekte Behandlung der Beziehungsebene; Verstehen statt Entscheiden, In-Gang-Setzen statt Steuern, Fragen stellen statt Ratschläge erteilen |
| **Verände-rungsrichtung** | Von oben | Intendiert Veränderung aus der Gruppe | Veränderung der Strukturen aus der Gruppe heraus |
| **Rollenver-ständnis Ex-pertin** | Fachfrau führt | „unwissende" Beraterin (Co-lombostil) | Gleichberechtigte Partnerin; Katalysatorin, Moderatorin |

Quelle: Winter, 2005, S. 210.

## A-6 Formen betrieblicher Personalentwicklung

| | Entwicklungsorientiertes Führen von Mitarbei-ter/innen | Mentoring für Nach-wuchskräfte | Organisationsexternes Einzelcoaching | Organisations-internes Einzelcoaching |
|---|---|---|---|---|
| Wer ist der Coach? | Die/der Vorgesetzte (Linien-Coach) | Ausgewählte, berufser-fahrene Führungskräfte, die ehrenamtlich Unter-stützungs- und Förde-rungsfunktion für ausge-wählte betriebsjüngere Kräfte übernehmen | Unabhängige, selbst-ständige oder in Un-ternehmensberatung angestellte externe Expertin | Betriebsinterne Per-sonalentwicklerinnen auf mittlerer Hierachie-ebene (Stabs-Coaches) |
| Wer wird gecoacht? | Alle Mitarbeiter/innen einer Führungskraft mit spezifi-schen Führungsanspruch | Ausgewählte Mitarbei-ter/innen mit Aufstiegs- und Führungsambitionen | (Top-)Manager | Mittleres und unteres Management, Teams, Gruppen, Projekte |

Quelle: Winter, 2005, S. 210.

## A-7  Abgrenzung von Mentoring und Coaching

| Mentoring | Coaching |
| --- | --- |
| Beziehung zweier Organisationsmitglieder | Beziehung zwischen einem Organisationsmitglied (Coachee) und einem Externen (Coach) |
| Zielgruppe i.d.R. neue bzw. junge Mitarbeiter, Potenzialträger | Zielgruppe i.d.R. Führungskräfte, Projektmanager |
| Beziehung hierarchisch (Mentor sollte ca. zwei Stufen hierarchisch höhergestellt sein.) | Beziehung hierarchiefrei |
| Beziehung wird persönlich | Beziehung neutral |
| Persönliches Engagement | Berufliches Engagement |
| Der Mentor hat die Rolle des Vorbildes/Begleiters | Der Coach hat die Rolle des Begleiters |
| Mentoren sind meist ältere erfahrene Organisationsmitglieder | Organisationsfremd und erfahren |
| Der Mentor bringt sich persönlich ein und lässt den Mentee an seinen Erfahrungen teilhaben | Der Coach vermeidet persönliche Statements und bringt seine eigenen Erfahrungen nicht mit ein |
| Beratung auf Fach-, persönlicher und Prozessebene | Beratung auf Prozess- und persönlicher Ebene |
| Fachliche Hilfestellungen in einzelnen Praxissituationen und Entwicklung persönlicher Handlungskompetenz | Entwicklung persönlicher Handlungs- und Lösungskompetenz |
| Integration in die Organisationsstrukturen und Vereinbarung von Organisatorischen und persönlichen Karrierepläne | Bewusstmachung von Wahrnehmungs-, Verhaltens- und Kommunikationsmustern |
| Der Mentor verfolgt teilweise die Interessen des Unternehmens | Der Coach verfolgt vordergründig die Interessen des Coachees |
| Nicht ausgebildete Berater (ggf. Überlastung des Mentors) | Größere fachliche Kompetenz als Begleiter (Methodenspezialist) |
| Unentgeltliche Beratung | Honorarbasierte Beratung |
| In ein umfassendes PE-Konzept eingebettet | Coaching findet oft anlassbezogen als gezielte PE-Maßnahme statt |
| Langfristig angelegt | Mittelfristig angelegt |
| Ein Mentor hat meistens nur 1–2 Mentees | Ein Coach hat eine Vielzahl von Coachees, da er von den Stunden seinen Lebensunterhalt bestreitet |
| Bedürfnisse des Mentees stellen sich erst mit der Zeit heraus | Ziel vorab festgelegt |

Quelle: Graf & Edelkraut, 2014, S. 9.

## A-8    Nachfrage nach Business Coaching

| Die Kunden-Unternehmen | | Die Coachees | |
|---|---|---|---|
| **Branchen** | Alle Branchen | **Alter** | 40 Jahre |
| **Unternehmensgröße** | Erhöhte Nachfrage von Unternehmen mit höheren Umsätzen, aber mittlerer Mitarbeiterzahl | **Frauenanteil** | 40,5% (Spanne von 19% bis 62%) |
| **Coaching-Anteil an Personalentwicklungskosten** | 10% (sagen 64% der Befragten) | **Setting** Einzelcoaching Teamcoaching Gruppencoaching Projektcoaching | 98% 36% 23% 19% |
| **Entscheidungsträger für Coaching-Maßnahmen** | Geschäftsführer, Personalabteilung, Personalentwicklung | **Einstellung zu Coaching** | 51% positiv 21% eher positiv 17% neutral 10% negativ |
| **Bezahlung von Coaching** | 85% durch Unternehmen 15% durch Privatpersonen | **Auswahl eines Coachs** (nach Stephan, Gross & Hildebrandt 2010) | 58% Persönliche Empfehlung oder Internet-Plattform/-Netzwerke |
| **Haben einen Coaching-Pool** | 46% | **Haben das Gefühl, ihr Ziel vollständig erreicht zu haben** | 35% |

Quelle: Winkler, Lotzkat & Welpe, 2013, S. 26.


## A-9    Themen-Rosette des Coachings

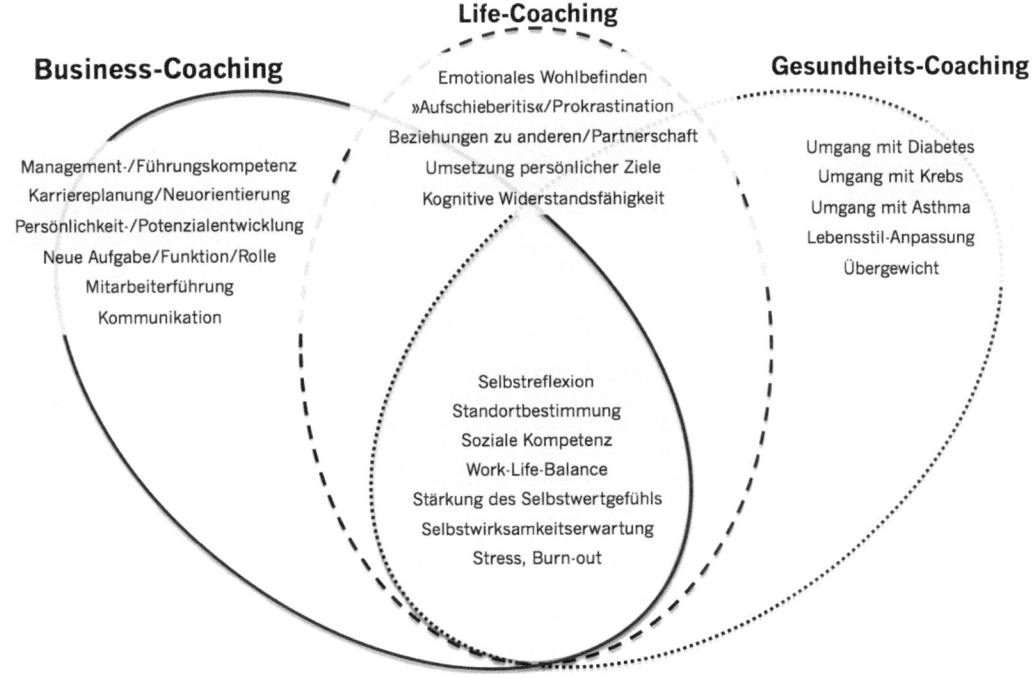

Quelle: Böning, 2014, S. 23.

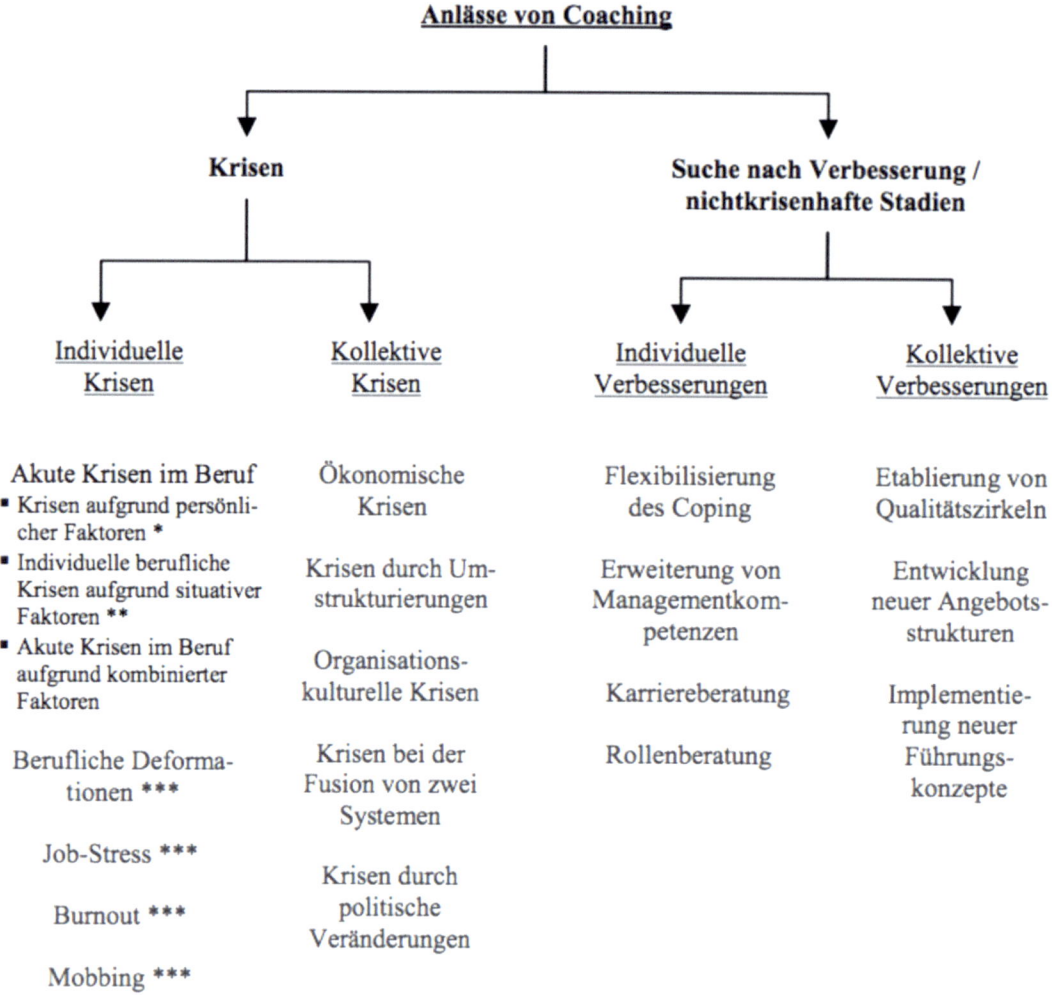

Erklärung: * Z.B. Tod eines Familienangehörigen; ** Nach Schreyögg der wahrscheinlich häufigste Anlass für Coachings. Hierzu gehören z.B. Pensionierung, Arbeitsplatzwechsel, strukturelle Korrekturen in organisatorischen Systemen etc. „Viele selbstverständliche Entwicklungen im Berufsleben von Menschen ziehen Krisen für die Betreffenden nach sich. [...] Auch ein Arbeitsplatzwechsel, der zumeist mit dem Eintritt in eine neue Organisation verbunden ist, führt regelmäßig zu mehr oder weniger starken Krisenerscheinungen [...]. Die geradezu automatisch bestehende anfängliche Isolation, die Notwendigkeit, in einem neuen System sozial Fuß zu fassen, neue Beziehungen anzubahnen, die spezifischen Regeln und Normen eines Systems kennenzulernen usw., zwingen Menschen immer zur Mobilisierung aller ihrer Kräfte. Hier kann Coaching eine wichtige Support-Funktion haben, insbesondere dann, wenn das neue Berufsfeld hochkomplex ist." (Schreyögg (a), S. 75); *** Diese Anlässe können nach Schreyögg auch in der Kategorie „schleichende Krisen" zusammengefasst werden, die der Kategorie „Akute Krisen" gegenübersteht (Schreyögg (b), S. 227, S. 231 ff). Quelle: Schiessler, 2010, S. 93.

A-11　Anlässe für Coachings nach Böning und Fritschle

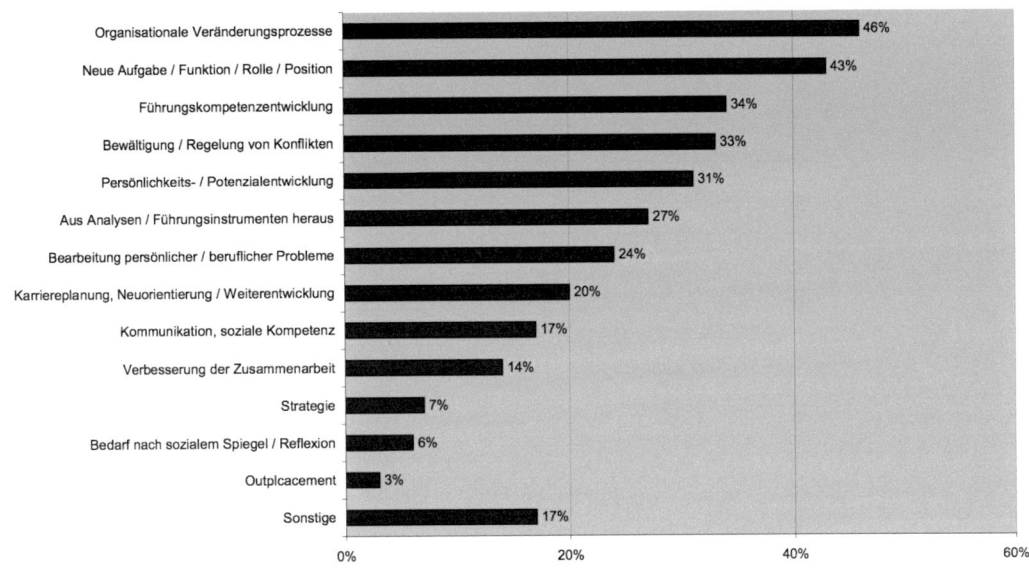

**"Was sind aus Ihrer Erfahrung die 5 häufigsten Anlässe für Coaching?"**
Ergebnis der Befragung von 70 Personalmanagern

| Anlass | % |
|---|---|
| Organisationale Veränderungsprozesse | 46% |
| Neue Aufgabe / Funktion / Rolle / Position | 43% |
| Führungskompetenzentwicklung | 34% |
| Bewältigung / Regelung von Konflikten | 33% |
| Persönlichkeits- / Potenzialentwicklung | 31% |
| Aus Analysen / Führungsinstrumenten heraus | 27% |
| Bearbeitung persönlicher / beruflicher Probleme | 24% |
| Karriereplanung, Neuorientierung / Weiterentwicklung | 20% |
| Kommunikation, soziale Kompetenz | 17% |
| Verbesserung der Zusammenarbeit | 14% |
| Strategie | 7% |
| Bedarf nach sozialem Spiegel / Reflexion | 6% |
| Outplcacement | 3% |
| Sonstige | 17% |

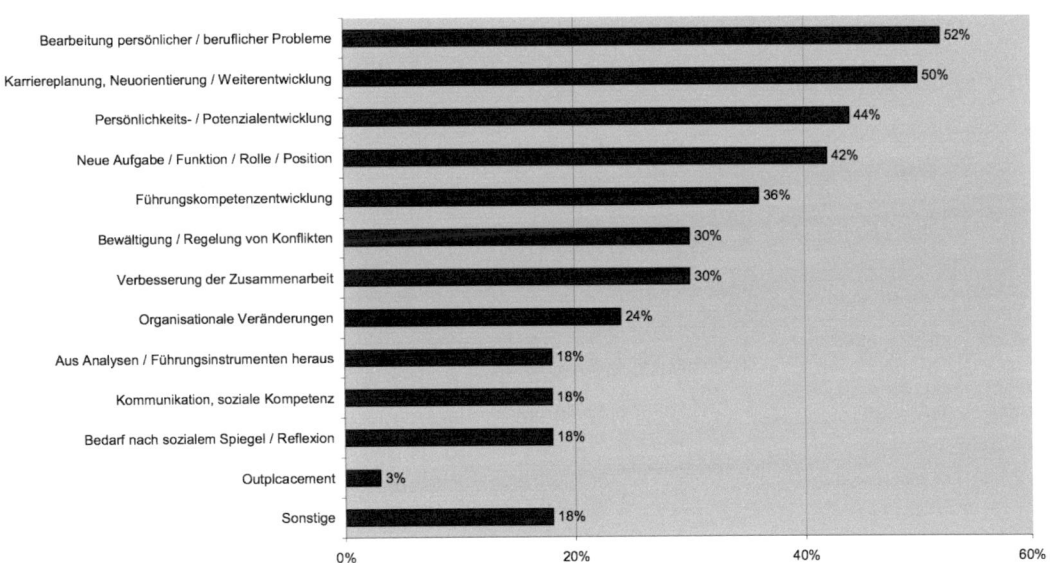

**"Was sind aus Ihrer Erfahrung die 5 häufigsten Anlässe für Coaching?"**
Ergebnis der Befragung von 50 Coachs

| Anlass | % |
|---|---|
| Bearbeitung persönlicher / beruflicher Probleme | 52% |
| Karriereplanung, Neuorientierung / Weiterentwicklung | 50% |
| Persönlichkeits- / Potenzialentwicklung | 44% |
| Neue Aufgabe / Funktion / Rolle / Position | 42% |
| Führungskompetenzentwicklung | 36% |
| Bewältigung / Regelung von Konflikten | 30% |
| Verbesserung der Zusammenarbeit | 30% |
| Organisationale Veränderungen | 24% |
| Aus Analysen / Führungsinstrumenten heraus | 18% |
| Kommunikation, soziale Kompetenz | 18% |
| Bedarf nach sozialem Spiegel / Reflexion | 18% |
| Outplcacement | 3% |
| Sonstige | 18% |

Quelle: Schiessler, 2010, S. 97.

A-12   Bedeutung von Anwendungen für das betriebliche Lernen in Unternehmen

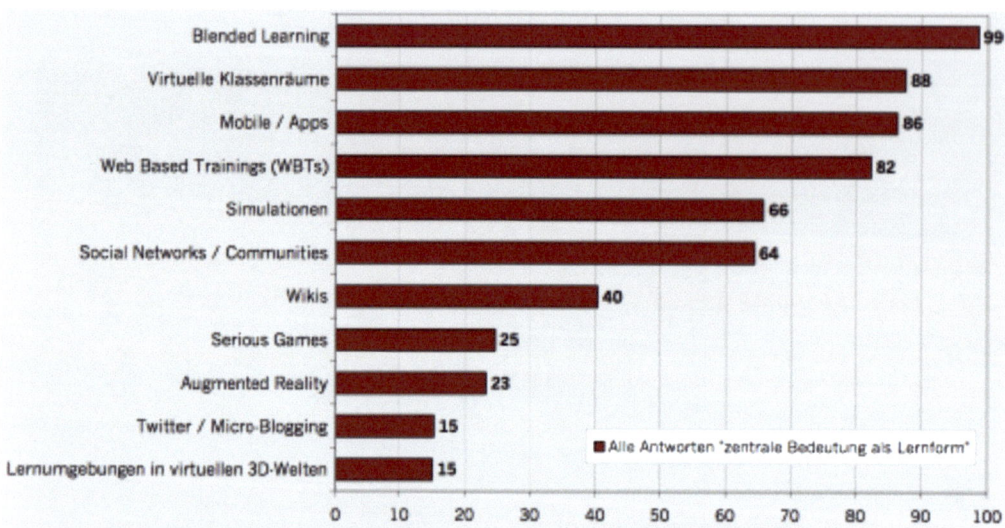

Frage: Bitte schätzen Sie einmal ein, wie sich die Bedeutung der folgenden Anwendungen als Lernformen für das betriebliche Lernen in Unternehmen
entwickeln wird. Werden die genannten Anwendungen in den kommenden drei Jahren eine zentrale Bedeutung oder eine geringe Bedeutung haben?
N=72-73 Experten | Angaben in % | © MMB-Institut 2013

Quelle: MMB-Institut für Medien- und Kompetenzforschung, 2013, S. 4, URL http://www.mmb-
institut.de/monitore/trendmonitor/MMB-Trendmonitor_2013_I.pdf (letzter Zugriff: 01.03.2014).


A-13   „Bausteine" für elektronische Coaching-Tools

| | textliche Medien | auditive Medien | statische visuelle Medien | dynamische visuelle Medien |
|---|---|---|---|---|
| • didaktisch vorstrukturierte nichtinteraktive Medien | • über Internet oder per E-Mail vermittelte Textdokumente | • über Internet, Telefon oder per E-Mail vermittelte Audiodokumente | • über Internet oder per E-Mail vermittelte Visualisierungen/Bilder | • über Internet zugängliche oder per E-Mail vermittelte Videos |
| • didaktisch offene interaktive Medien | • asynchrone Erstellung von Texten<br>• synchrone Erstellung von Texten | • Erstellung von Audioaufnahmen | • Erstellung von digitalen Fotos<br>• Erstellung von digitalen Visualisierungen, Zeichnungen | • Erstellung von Videoaufnahmen |
| • didaktisch vorstrukturierte interaktive Medien | • vorgegebene Coaching-Fragen, deren schriftliche Beantwortung auch der Coach lesen kann<br>• Coaching- oder Test-Fragen mit vorgegebenen Antwortmöglichkeiten ohne automatisiertes Feedback<br>• Coaching- oder Test-Fragen mit vorgegebenen Antwortmöglichkeiten und automatisiertem Feedback | | • Nutzung vorgegebener digitaler Fotos oder Visualisierungen<br>• Modifizierung vorgegebener digitaler Visualisierungen | • Gestaltungsfähige virtuelle Welten ohne Avatare<br>• Avatare in gestaltungsfähigen virtuellen Welten |

Quelle: Geißler, 2014, S. 146.

A-14   Anteil der Coachings mit neuen Medien (Angaben der Coaches)

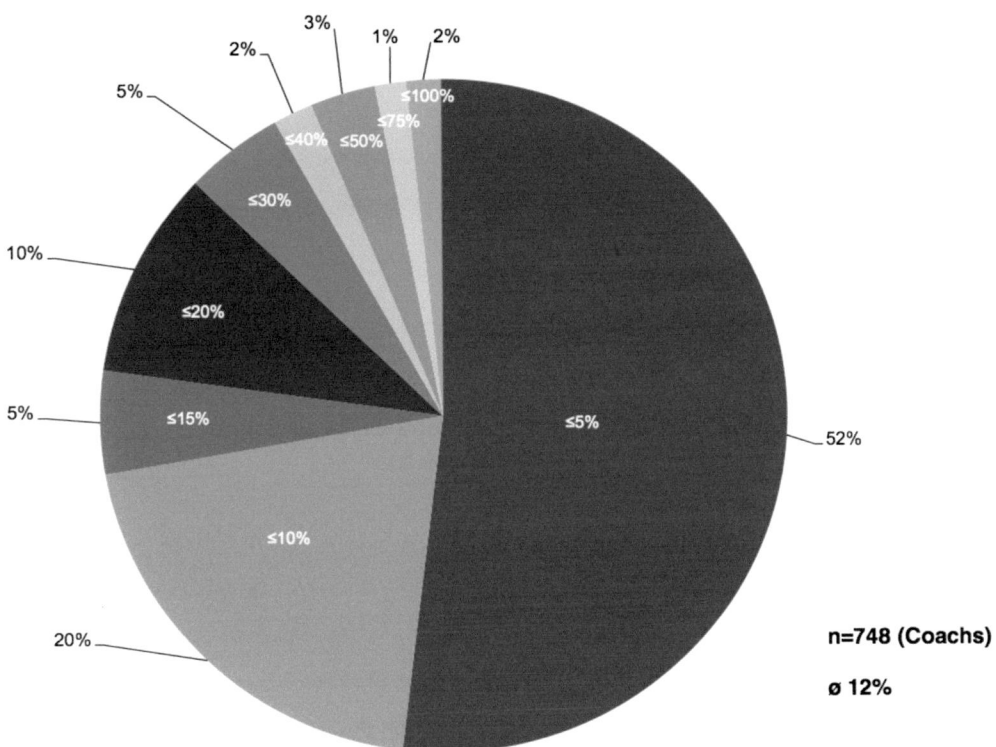

Quelle: Stephan & Gross, 2013, S. 21.

A-15   Anteil der Coachings mit neuen Medien (Angaben der Kunden)

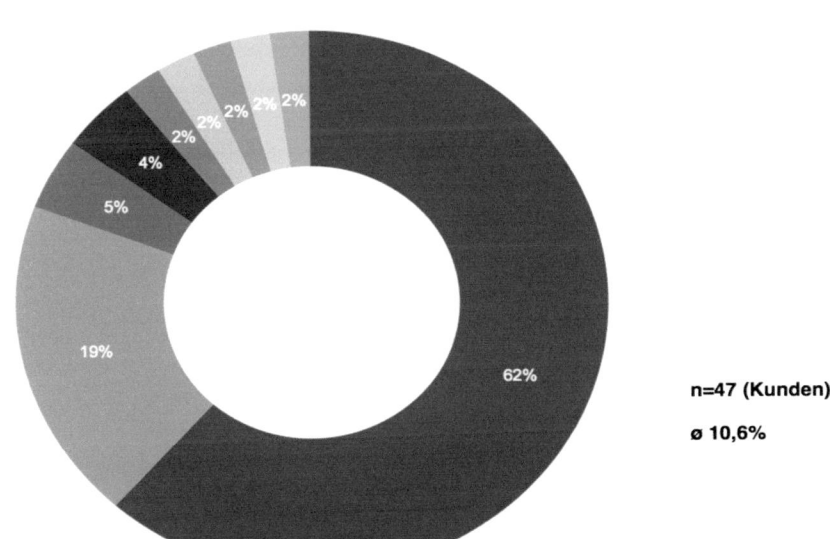

Quelle: Stephan & Gross, 2013, S. 22.

## A-16 Auswahlkriterien zur Aufnahme in den Coachingpool

| n=67 | sehr wichtig | wichtig | weniger wichtig | unwichtig |
|---|---|---|---|---|
| Referenzen/positive Erfahrungen mit dem Coach durch Dritte | 62,7% | 31,3% | 4,5% | 1,5% |
| Schwerpunktkompetenzen des Coachs | 50,7% | 43,3% | 6,0% | 0,0% |
| Ausbildung des Coachs | 50,0% | 44,1% | 5,9% | 0,0% |
| Verbandszertifizierung | 14,1% | 35,9% | 29,7% | 20,3% |
| Branchenerfahrung | 20,9% | 53,7% | 22,4% | 3,0% |
| Kosten/Preis | 13,6% | 63,6% | 21,2% | 1,5% |
| Ethisches Selbstverständnis des Coachs | 49,3% | 44,8% | 4,5% | 1,5% |
| Berufserfahrung als Coach | 55,2% | 41,8% | 1,5% | 1,5% |
| Führungserfahrung | 29,9% | 47,8% | 19,4% | 3,0% |
| Regionale Nähe | 16,7% | 45,5% | 27,3% | 10,6% |

Quelle: Stephan & Gross, 2013, S. 31.

## A-17 Messmodelle von Coaching-Erfolg

| Modell | Messdimensionen | Messkriterien |
|---|---|---|
| **Coachingqualität**<br>(Heß & Roth 2001) | Strukturqualität | Qualität der personellen, materiellen und räumlichen Bedingung: Coach-Qualität (Persönlichkeit, Berufserfahrung und fachliche Kompetenzen), Motivation von Klienten, die Beziehungsqualität zwischen Coach und Coachee und die Qualität der Rahmenbedingungen |
| | Prozessqualität | Qualität des Verlaufs von Coaching von der Zielformulierung bis hin zur Evaluierung der Zielerreichung |
| | Ergebnisqualität | Grad des Coaching-Erfolgs durch Vorher-Nachher-Vergleich |
| **4 Ebenen Modell**<br>(Kirkpatrick 2009)<br>(Modell wurde vom Trainings- auf den Coachingkontext angepasst) | Reaktionen auf das Coaching | Einschätzung der Beratung durch den Coachee hinsichtlich Effektivität des Coachings Kompetenz des Coachs, Zufriedenheit mit der Beziehung zwischen Coach und Coachee, Zufriedenheit mit dem Coaching-Prozess |
| | Lernen | Vorher-Nachher-Tests zur Veränderung von Fähigkeiten und Einstellungen |
| | Transfer | Zielerreichungsgrad, Veränderungen im Arbeitskontext über die Messung von Indikatoren (z.B. Fehlzeitenreduktion, höhere Produktivität) oder auch in 360 Grad Feedbacks |
| | Ökonomischer Erfolg | Rentabilität der Investition z.B. ROI |
| **4-Level-Evaluaton**<br>(Bayer 2008) | Level 1 – self report | Selbstbeschreibung der wahrgenommenen Veränderungen und Ergebnisse des Coachings durch Coachee. |
| | Level 2 – peer report | Die Umgebung des Coachees beschreibt wahrgenommene Veränderungen und Ergebnisse des Coachees durch Erhebungen wie Interviews, Fragebögen, 360 Grad-Befragungen |
| | Level 3 – behavior observation | Externe Coachs, HR-Experten, Vorgesetzte und Manager beobachten im Arbeitskontext oder auch in Assessment Centers den Coachee und halten Veränderungen und Ergebnisse fest |
| | Level 4 – measuring results | Daten, Fakten, Kennzahlen, Messgrößen, Key Performance Indicators, die direkt dem Klienten und seinem Arbeitsgebiet zugeordnet werden können, werden im Vorfeld des Coachings als Erfolgsparameter definiert und nach dem Coaching auf Veränderungen hin evaluiert |
| **Strukturmodell der Wirkungen beim ergebnisorientierten Einzelcoaching von Greif (2008)** | Allgemein anwendbare Ergebnisse/Kriterien | Zielerreichungsgrad, Zufriedenheit des Klienten, Verbesserung des Affekts, Allgemeines Wohlbefinden, Potenzialerweiterung/Selbstentwicklung |
| | Spezifische Ergebnisse | Zunahme spezifischer ergebnisorientierter Problem- und Selbstreflexion, Problemklarheit und Zielkonkretisierung, Rating sozialer Kompetenzen, Offenheit für neue Erfahrungen, Teamverhalten, Leistungsverbesserungen, Selbststeuerung, Bewältigung von Problemen, Beharrlichkeit, spezifische Selbstwirksamkeit |

Quelle: Winkler, Lotzkat & Welpe, 2013, S. 28.